„MAMA, ICH HAB'S GESCHAFFT!"

EIN PRAXIS-RATGEBER, MIT DEM DU AUS JEDER LEBENSSITUATION HERAUS ERFOLGREICH UND GLÜCKLICH WIRST

IMPRESSUM

1. Auflage 2017

Alle Rechte vorbehalten. Das Werk darf - auch teilweise -
nur mit Genehmigung von Herrn Danny Adams wiedergegeben werden.

Inhalt: Danny Adams

Herausgeber: Change Media GmbH / Mottmannstrasse 1-3, 53842 Troisdorf
Herstellung, Satz & Layout: A8 Medienservice GmbH / www.berliner-buchdruck.de

Printed in Germany
ISBN 978-3-00-056134-4

*Dieses Buch widme ich meinem Sohn Ben.
Du bist ein strahlender Sonnenschein und bereicherst mein Leben an jedem einzelnen Tag. Auf dass Du niemals aufhörst zu träumen und lernst, dem Weg Deines Herzens zu folgen!*

*„Zwei Dinge sollen Kinder von ihren Eltern bekommen:
Wurzeln und Flügel."– Johann Wolfgang von Goethe*

INHALT

Danksagung — 10
Vorwort — 13
Wie Du den größten Nutzen aus diesem Buch ziehst — 17

Teil 1 > Der Glaube versetzt Berge

Kapitel 1: – Meine Story vom Hartz-IV-Empfänger zum (glücklichen) Millionen-Unternehmer — 23
Kapitel 2 – Talent ist eine Lüge — 47
Kapitel 3 – Dein Glaube entscheidet über deine Lebensqualität — 59
Kapitel 4 – Limitierende Glaubenssätze auflösen — 67
Kapitel 5 – Neue, kraftvolle Glaubenssätze integrieren — 75

Teil 2 > Visionen, Träume und Ziele

Kapitel 6 – Wie Du die richtige Energie entwickelst, um Ziele zu setzen — 85
Kapitel 7 – Träume wie ein kleines Kind! — 93
Kapitel 8 – Jetzt wird es konkret — 103
Kapitel 9 – Schaue Dir etwas aus der Nähe an — 113

INHALT

Teil 3 > Wie Du Deine Gedanken und Gefühle bewusst steuerst

Kapitel 10 – Wie man sich selbst ganz leicht depressiv machen kann   125

Kapitel 11 – Die drei Fragen, die Dein Leben für immer verändern werden   139

Kapitel 12 – Egoismus ist geil   151

Kapitel 13 – Du bist genau wie Deine Freunde   161

Kapitel 14 – Das transformatorische Vokabular   169

Teil 4 > Die interdependente Welt

Kapitel 15 – Den richtigen Mix aus Erfolgsstreben und Glück finden   181

Kapitel 16 – Menschen lieben lernen   193

Kapitel 17 – Meditation für Ungeduldige   201

Kapitel 18 – Folge Deinem Herzen   211

INHALT

Teil 5 > Gewohnheiten glücklicher und erfolgreicher Menschen

Kapitel 19 – Das Morgenritual	221
Kapitel 20 – Das Abendritual	237
Kapitel 21 – Es gibt keinen Misserfolg, sondern nur Resultate	245
Kapitel 22 – Reframing	255
Kapitel 23 – Der richtige Mix aus Anspannung und Entspannung	275
Kapitel 24 – Unerschütterliches Selbstvertrauen – behalte Deine Macht	287
Kapitel 25 – Die richtigen Menschen um Dich herum	297

Teil 6 > Fünf Tage, die Dein Leben für immer verändern werden

Der Sinn dieses 5-Tage-Schnellkurses	307
Tag 1 – Gefühle sind alles	309
Tag 2 – Die wichtigste Liste, wenn es einmal schlecht läuft	315
Tag 3 – Loslassen, was Du nicht brauchst	319
Tag 4 – Die große Macht der Physiologie	323
Tag 5 – Die stärkste Lerntechnik überhaupt: Lehre	327

INHALT

Schlussgedanken	331
Wie geht es weiter?	333
Der Meilenstein	335
Glossar	339
Index	351
Ruf mich an	359

Danksagung

Zunächst möchte ich dem Menschen danken, der die Entstehung dieses Buches überhaupt möglich gemacht hat: meiner Mutter! Jetzt, da ich selbst Vater bin, kann ich noch etwas besser einschätzen, welche unglaublichen Mühen Du bewältigt hast, um mich gesund großzuziehen. Du hast immer zu mir gehalten und hast nie etwas auf mich kommen lassen. Dafür bin ich Dir von ganzem Herzen dankbar. Du bist die beste Mama, die man sich vorstellen kann!

Des Weiteren danke ich meiner Frau Hannah, die für mich die schönste, klügste und eindrucksvollste Frau auf dieser Welt ist! Danke, dass Du mir immer den Rückhalt gibst, den ich brauche, um mein Ding zu machen, und danke, dass wir gemeinsam das Abenteuer Leben bestreiten, ich finde es wunderschön, diesen Weg mit Dir gemeinsam gehen zu dürfen!

Ich möchte Jan Trimborn danken, der nun schon seit vielen Jahren mit mir durch dick und dünn geht. Als wir uns damals auf einem Reggea-Festival kennenlernten, hatte er Rastas und ich sehr lange Haare und einen Ziegenbart. Jetzt haben wir beide eine Glatze und sprechen am liebsten über unsere Söhne.

Ebenfalls danke ich Marcel Knopf dafür, dass wir beide daran geglaubt haben, dass eine Firma wie die Change Media GmbH groß werden und so vielen Menschen helfen kann. Als wir anfingen, arbeitete er in einem T-Shirt-Shop, ich war offiziell arbeitslos und „Undercover-Unternehmer" ohne Verdienst. Wir zwei haben viel gemeinsam erreicht und sind mittlerweile auch eine weite Strecke unseres Lebens zusammen gegangen.

Auch Ole Matthiesen muss hier unbedingt erwähnt werden. Als uns im Jahr 2010 die finanziellen Mittel fehlten und wir sehr gerne einen Workshop veranstaltet hätten, spendete Ole einfach mal genügend Geld, damit wir den Laden zum Laufen bekamen. Was Du für uns getan hast, Ole, das hätte kaum ein anderer gemacht. Danke!

Schließlich möchte ich allen Menschen danken, die an das Wunder der Persönlichkeitsentwicklung glauben und ihr Leben zu einem einzigartigen Meisterwerk machen. Nichts auf der Welt wäre trauriger als ein Mensch, der sein ganzes Potenzial verschwendet hat, weil er sich niemals getraut hat, dazu zu stehen, wer er ist und was er will. Lebe Deinen Traum und tue, was dafür getan werden muss!

Vorwort

Erfolg heißt:

„Oft und viel zu lachen; die Achtung intelligenter Menschen und die Zuneigung von Kindern zu gewinnen; die Anerkennung aufrichtiger Kritiker zu verdienen und den Verrat falscher Freunde zu ertragen; Schönheit zu bewundern, in anderen das Beste zu finden; die Welt ein wenig besser zu verlassen, ob durch ein gesundes Kind, ein Stückchen Garten oder einen kleinen Beitrag zur Verbesserung der Gesellschaft; zu wissen, dass wenigstens das Leben eines anderen Menschen leichter war, weil Du gelebt hast. Das bedeutet, nicht umsonst gelebt zu haben." – Ralph Waldo Emerson

Jeder Mensch hat in seinem Herzen mindestens einen großen Traum …

Bei manch einem ist dieser Traum stets präsent und greifbar. Bei den meisten Menschen sind die Lebensträume allerdings unter dem Nebel der alltäglichen Sorgen, Frustrationen, Ängste und Nöte verborgen.

Wir leben in einer Gesellschaft, die reich an fast allem ist, was man sich vorstellen kann. In Westeuropa muss niemand hungern oder erfrieren. Unser Sozialsystem sichert jeden ab, der sich darum kümmert. Dennoch gibt es Menschen, die scheinbar alles haben, aber trotzdem unglücklich sind.

Laut Statista, dem deutschen Online-Portal für Statistik, schaute der durchschnittliche Bundesdeutsche am 03. Januar 2017 satte 246 Minuten fern. Diese Zahl habe ich mir nicht ausgedacht. Die Statistiken belegen, dass der Durchschnittsbürger in Deutschland seit Jahren konstant ca. vier Stunden täglich vor der Flimmerkiste verbringt. Das sind vier Stunden, in denen er nicht selbst denken muss.

Vier Stunden, in denen er von den Fernsehmachern bestimmen lässt, was in sein Gehirn eindringen darf, auch wenn dies den meisten Menschen nicht bewusst ist.

Vier Stunden, in denen er so viele schöne andere Dinge tun könnte, wenn er nur wüsste was bzw. wenn er die Motivation und einen Grund hätte, etwas anderes und Schöneres zu tun.

Versteh mich bitte nicht falsch. Ich habe nichts gegen Fernsehen und Medienkonsum. Ich schaue mir auch gerne mal selbst zwischendurch einen Film, ein Fußballspiel, die Nachrichten oder auch eine Dokumentation an. Aber nur selten.

Denn stelle Dir mal Folgendes vor: Du sitzt vor dem Fernseher oder vor Deinem Computer und schaust anderen Menschen dabei zu, wie SIE vor dem Fernseher sitzen und darauf starren. Würdest Du das ernsthaft tun?

Natürlich nicht! Das wäre viel zu stumpfsinnig und langweilig. Du würdest Dir denken: „Mann, sind diese Menschen da in der Glotze langweilig.

Die sitzen einfach nur rum, das schaue ich mir keine Sekunde länger an." Darum empfehle ich Dir:

Mach es selbst anders!

Menschen, die zu oft und zu viel vor dem Fernseher oder heutzutage auch vor dem Laptop sitzen, werden oft träge und „lebensmüde". Vielleicht gehörst Du nicht zu diesen Menschen, die ihre Zeit damit verbringen, stundenlang in den Flimmerkasten zu starren. In diesem Fall gratuliere ich Dir schon einmal herzlich, denn die Wahrscheinlichkeit ist hoch, dass Du Deine Lebenszeit sinnvoller nutzt.

Falls es aber so sein sollte, dass Du aktuell viele Stunden Deines Lebens vor Bildschirmen verbringst und anderen Menschen bei Abenteuern usw. zuschaust, dann wird sich dies mit der fortschreitenden Lektüre dieses Buches wahrscheinlich ändern. Denn hier geht es um DEIN Abenteuer.

Es geht um Deine Leidenschaft. Ob Du Dir dieser aktuell in Deinem Leben bewusst bist oder noch nicht, spielt keine Rolle. Es ist auch nicht wichtig, ob Du auf der Suche nach einem Weg bist, der Dein Leben besser, schöner, aufregender und bunter macht, oder nicht. Dieses Buch will Dich inspirieren, Dein Leben großartig zu machen. Es will Dir grenzenlose Energie verleihen und Dich daran erinnern, dass Du auf dieser Welt bist, um ein wunderbares, erfülltes Leben zu führen.

Damit dies wahr werden kann, findest Du in den folgenden Kapiteln viele Tricks, Tools und hoffentlich auch so manche inspirierende Geschichte, die das echte Leben schrieb.

Ich fühle mich geehrt, dass Du diese Zeilen liest und mir die Chance gibst, auf den folgenden Seiten Dein persönlicher Coach zu sein. In mir kribbelt es, denn auf Dich wartet eine aufregende Reise, die Dein Leben für immer verändern wird.

Vielleicht hast Du schon des Öfteren darüber nachgedacht, etwas in Deinem Leben zu ändern. Es gibt keinen besseren Zeitpunkt, als JETZT damit anzufangen!

Danny Adams
Cala Murada, Spanien, im Frühjahr 2017

PS: Ich möchte der Korrektheit halber noch erwähnen, dass ich der besseren Lesbarkeit zuliebe stets die männliche Anrede verwende. Gemeint sind damit selbstverständlich immer beide Geschlechter.

Wie Du den größten Nutzen aus diesem Buch ziehst

„Wer zu lesen versteht, besitzt den Schlüssel zu großen Taten, zu unerträumten Möglichkeiten." – Aldous Huxley

Als ich erfuhr, dass die meisten Sachbücher nur zu 10 % gelesen werden und danach für immer im Schrank verschwinden, war ich schockiert. Dieses Buch hier kann Dein Leben für immer verändern, wenn Du es bis zum Ende liest.

Ich habe alles hineingepackt, was ich als Erfolgscoach in den letzten zwölf Jahren an Erfolgen und Misserfolgen von Tausenden Coaching-Teilnehmern lernen durfte. Du wirst in diesem Buch nicht nur von den Sonnenseiten erfahren, sondern auch von den schlechten Zeiten.

Denn auch schlechte Zeiten können unglaublich wertvoll für uns sein, doch dazu später mehr …

Lies dieses Buch komplett von vorne bis hinten und gib Dir selbst die Chance, mit der diesem Buch Dein Leben zum Positiven zu verändern.

Hier folgen drei Empfehlungen, die Dir helfen, den größten Nutzen aus diesem Buch zu ziehen:

Tipp Nr. 1 > Halte einen Textmarker, Kuli oder einige Klebezettel bereit!

Kritzle gerne in diesem Buch herum, markiere Stellen, die für Dich wichtig sind und sorge dafür, dass Du Dich später an die wichtigsten Erkenntnisse erinnerst.

Ein farbiger Textmarker kann dabei Wunder wirken. Sei damit nicht sparsam und male nach Herzenslust in diesem Buch herum. Dein Gehirn lernt besonders gut, wenn Du die für Dich wichtigen Dinge öfter anschaust.

Manchmal verändert ein einziger Satz Dein Leben für immer. Falls Dir ein solcher Satz begegnet, markiere ihn, damit Du ihn nie wieder vergisst.

Tipp Nr. 2 > Lies dieses Buch von vorne bis hinten!

Die Inhalte dieses Buches bauen systematisch Schritt für Schritt aufeinander auf und ergeben nur Sinn, wenn Du nicht zwischen den Kapiteln hin- und herspringst, sondern das Buch von vorne bis hinten durchliest.

Tipp Nr. 3 > Erzähle Deine Erkenntnisse anderen Menschen, die sie zu schätzen wissen!

Die beste Vertiefung der Inhalte und die dauerhafte Speicherung in Deinem Gehirn erreichst Du, wenn Du andere Menschen mit Deinem neu erworbenen Wissen inspirierst, ebenfalls das Leben ihrer Träume zu führen.

Teile Deine wichtigsten Erkenntnisse und Ideen darum mit Freunden, Deiner Familie und anderen Gleichgesinnten. So lernst Du noch viel schneller, und nichts ist motivierender als ein Freund, der Dich in Deinem Vorhaben unterstützt!

Solltest Du solche Menschen momentan nicht um Dich haben, ist das aber auch kein Problem. In diesem Fall behalte Dein Wissen zunächst einmal für Dich. Sobald Dir die Inhalte dieses Buches in Fleisch und Blut übergangen sind, wird es nicht mehr lange dauern, bis Du Menschen auf Deiner Wellenlänge kennenlernst.

Erfolgreiche und glückliche Menschen ziehen andere erfolgreiche und glückliche Menschen in ihr Leben. Das ist kein Zufall, sondern ein Naturgesetz!

Teil 1

Der Glaube versetzt Berge

„Es sind nicht die Geschehnisse in unserem Leben, die uns prägen, sondern unsere Denkweise darüber, was diese Geschehnisse bedeuten." – Tony Robbins

KAPITEL 1

Kapitel 1 – Meine Story vom Hartz-IV-Empfänger zum (glücklichen) Millionen-Unternehmer

„Ob Du glaubst, Du kannst es, oder ob Du glaubst, Du kannst es nicht, Du wirst immer recht haben." – Henry Ford

Da lag er nun, nach allem, was passiert war, bereit zum Abgang, zu einem unrühmlichen und unglücklichen Abgang. In den vergangenen Monaten waren Dinge geschehen, die ihn zu diesem Punkt getrieben hatten, an dem er jetzt stand. Er lag ganz ruhig auf seiner Couch, in seinem Magen hatte er etwa 30 Tabletten, die seinen Stoffwechsel gefährlich bremsten. Er wollte seinem Vater folgen, der fünf Tage zuvor viel zu früh gestorben war.

Er wusste nicht mehr, was er tun sollte. Seine große Liebe hatte sich von ihm getrennt. Seine Ausbildungsstelle hatte er verloren. Er war drogenabhängig, ein Dealer, ein Messie, stark übergewichtig, Opfer mehrerer Wohnungseinbrüche, er hatte viele Feinde, und seine wenigen Freunde waren entweder in der Psychiatrie oder standen kurz vor der Einweisung.

Seine neue Therapeutin verzweifelte an ihm. Er war äußerst ungepflegt, hatte kaum Klamotten, sehr lange Haare und einen langen Kinnbart. Er fühlte sich in seinem Körper absolut unwohl und hatte zudem durch übermäßigen Drogenkonsum eine Psychose entwickelt.

KAPITEL 1

Wenn er auf der Straße ging und Menschen lachen sah, dachte er: „Warum lachen diese Menschen? Sie lachen bestimmt über mich. Nein, ich bin doch cool. Oder nicht? Warum schauen mich alle an? Schauen mich überhaupt alle an?"

Er konnte nirgendwo hingehen, ohne genau auf seinen Gang, seine Mimik, seine Worte zu achten. Er war stocksteif und stets bereit, sich mit seinen bescheidenen Mitteln zu verteidigen. Er war die Unsicherheit in Person.

Sex? Zärtlichkeit? Wohlgefühl? Liebe? Freundschaft?

Das alles hatte er nicht. Er hatte nur eines: Geld. Viel Geld, das er von seinem Vater geerbt hatte.

Ich schreibe hier von einem Typen, der 19 Jahre alt war. Ein Typ, der den ganzen Tag zu Hause rumhing, Gitarre spielte, Drogen verkaufte und sie selbst wie ein Verrückter konsumierte. Sex und Körperkontakt zu Frauen? Keine Chance!

Das alles spielte sich im Jahr 2004 ab. Dieser Typ war ohne Aussicht auf zukünftige Lebensfreude, Liebe oder Genuss, ohne Aussicht auf alles, was ihm eigentlich wirklich wichtig war, und er befand sich auf der Suche.

KAPITEL 1

Ich im Juli 2004

KAPITEL 1

Was bedeutet eigentlich das Wort „Sucht"?

==Jemand, der nach etwas „süchtig" ist, befindet sich auf der Suche. Auf der Suche nach etwas, was er niemals bekommen wird, solange er süchtig ist –== wonach auch immer, nach Drogen, einem Lebenspartner, nach Glücksspielen oder nach sonst etwas.

Doch so weit konnte der Typ damals nicht denken. Ich kannte ihn sehr gut und auch irgendwie nicht ... Ich selbst bin bzw. war dieser Typ.

Ende 2004 bekam ich sogar einen Schwerbehindertenausweis, in dem man mir satte 80 % Schwerbehinderung bescheinigte. Eigentlich wurde er meiner Mutter ausgehändigt, denn in dem Ausweis stand wortwörtlich: „Die Notwendigkeit ständiger Begleitung ist nachgewiesen."

Das Sozialamt schlug damals vor, mir zu bescheinigen, dass ich nie wieder arbeitsfähig sein werde, was mir zusätzliche monatliche Gelder eingebracht hätte und zudem die Gewissheit, eine lebenslange Grundsicherung zu erhalten. Meine Mutter verhinderte dies, da sie der Ansicht war, dass ich vielleicht doch noch mal irgendwann wieder arbeitsfähig sein könnte. Sie wollte nicht, dass man mir die Möglichkeit nimmt, irgendwann mal zumindest eine einfache Tätigkeit auszuüben, und sei es nur für ein paar Stunden in der Woche.

KAPITEL 1

Meine vollgemüllte Küche im Juli 2004

Gehen wir ein Stück weiter. Im Mai 2005 sollte nun endlich etwas Neues in meinem Leben passieren. Auf einmal gewann ich Freunde, die sogar direkt nebenan wohnten und aus einer ganz anderen Welt zu kommen schienen, als ich sie bisher kannte.

Meine Nachbarin Olga hielt mir ständig vor: „Danny, was machst Du nur aus Deinem Leben? Du bist doch eigentlich ein toller Typ und hast so viel Gutes in Dir." Ha, ha und das sollte ich glauben? Jeder, der mich damals anschaute, konnte mir in nur wenigen Sekunden das Gegenteil beweisen.

KAPITEL 1

Olga fasste sich ein Herz, gab ihrem heutigen Ehemann Bescheid, und mit einem weiteren Freund kamen sie zu mir rüber und fingen an, meine Wohnung auszuräumen und zu putzen. Es dauerte ungefähr drei Tage, bis alle Räume wirklich gut aussahen. Ich hätte es niemals für möglich gehalten, aber alles fühlte sich schon irgendwie etwas besser an. Am nächsten Tag klingelte Olga sehr früh bei mir. Ich öffnete verdutzt die Tür, und Olga sagte nur: „Komm Danny, rauch noch schnell einen Joint, und dann geht's los, wir gehen einkaufen, und ich möchte, dass Du mitkommst."

Ohne mein Gras konnte ich damals nicht sein. Ich konnte gar nichts. Ich war wie ein kleines Kind, absolut unselbstständig, ohne jegliches Selbstwertgefühl. Also habe ich den Joint geraucht, und dann ging's in die Stadt. Ich war faul, so komplett ohne Power und wollte lieber wieder nach Hause zum Kiffen, aber Olga, die nicht nur total liebevoll war, sondern auch sehr dominant, ließ mir keine Wahl.

Wir tourten durch alle möglichen Geschäfte und kauften für ca. 800 Euro neue Klamotten und Schuhe für mich. Als ich danach gleich wieder nach Hause wollte, um zu kiffen, hatte Olga wieder die stärkeren Argumente: „Jetzt geht's erst mal zum Friseur, Danny, die ganze Fassade muss weg."

Autsch, in mir sträubte sich alles, aber was sollte ich machen. Wir gingen zum Friseur und kauften danach noch ein Haarfärbemittel.

KAPITEL 1

Nun war mir eh alles egal, da ich nicht mehr wirklich wusste, was mit mir passierte. Wir gingen also noch in ein großes Kaufhaus und kauften eine Menge Lebensmittel, ein paar Einrichtungsgegenstände, etwas Schmuck und ein paar Hüte ein.

Wieder bei mir zu Hause angekommen, nun in einer tollen Wohnung und mit kurzen Haaren, färbte mir Olga die Haare, während ihr Mann André das ganze eingekaufte Zeug einräumte. Das Äußere meines Lebens hatte sich dank Olga und André in vielen Punkten ins Positive gewandelt. Nun war da aber noch das Problem mit dem Kiffen. Und etwas Unglaubliches passierte.

Ich traf eine Entscheidung.

Nein, ich habe nicht auf einmal aufgehört. Ich habe spontan eine Woche All-inclusive-Urlaub in einem Viersternehotel in Alanya gebucht mit Sonne, Strand und Meer. Ich flog gemeinsam mit einer Freundin dorthin. Auf einmal war ich nicht mehr hässlich. Mein Äußeres hatte sich stark verändert, und mein inneres Gefühl zog recht schnell nach, auch wenn gewisse innere Teile etwas länger brauchten.

Nun, mehrere Tausend Kilometer von zu Hause entfernt, war die Welt auf einmal ganz anders. Wir kamen nicht ein einziges Mal auf die Idee, irgendwelche Drogen zu nehmen. Es gab so viel zu tun. Wir erkundeten viele türkische Städte, verbreiteten im Hotel und überall, wo wir hinkamen, gute Laune, gingen jeden Abend auf Partys und hatten unglaublich viel Spaß.

KAPITEL 1

Mai 2005 in der Türkei nun etwas gepflegter und endlich mit einer Perspektive

KAPITEL 1

Auf Außenstehende wirkte ich noch immer ziemlich verkrampft, und von wirklicher Selbstsicherheit war ich weit entfernt, aber das war mir mittlerweile egal. In einem ganz besonderen Moment begriff ich nämlich etwas.

Als ich in der prallen Mittagssonne mit einer Urlaubsbekanntschaft am Hotelpool auf einer Sonnenliege chillte, packte mich plötzlich das Verlangen, meine Gitarre zu schnappen und alleine zu sein. Ich ging eine Viertelstunde den Sandstrand entlang direkt zu den Felsen, über die man zur anderen Strandseite gelangen konnte.

Mit der Gitarrentasche auf dem Rücken kletterte ich zu einer Stelle etwa drei Meter über dem Meer. Unter mir prallten die gewaltigen Wassermassen gegen die Felsen, die Sonne knallte auf mich, und dennoch sorgte eine sanfte Meeresbrise für ein angenehmes Klima.

Ich saß da und schaute aufs offene Meer hinaus. Ich packte meine Gitarre aus und fing an, ein paar sanfte Melodien zu spielen und zu singen. In diesem Moment fühlte ich mich zum ersten Mal seit Jahren völlig im Einklang mit mir selbst. Ich dachte über alles, was in den vergangenen 14 Monaten passiert war, nach und hielt mir vor Augen, wo ich jetzt gerade in meinem Leben stand. Die Tränen flossen ungehemmt über mein Gesicht, und ich spürte, dass ich am Leben war. Ich spürte, dass ich die schlimmste Zeit meines Lebens nun endlich überwunden hatte. Ich spürte, dass nun alles gut würde. Ich spürte, dass ich die Chance hatte, alles zu erreichen, was ich wollte.

KAPITEL 1

Machen wir einen Zeitsprung vom Mai 2005 zum Oktober 2005. Das Kiffen hatte ich mir in der Zwischenzeit fast vollständig abgewöhnt. Ich lernte Audrey kennen, eine Nachbarin, die wohl schon genauso lange wie ich in diesem Haus wohnte. Sie war 26 Jahre alt, sprach sieben Sprachen flüssig, hatte drei Diplome, war wunderschön, absolut beliebt und schien für mich unerreichbar.

Mein Innerstes hatte immer noch nicht mit dem Bild, das die Menschen äußerlich von mir hatten, gleichgezogen. Immerhin hatte ich mittlerweile einen Ansatz von Selbstvertrauen entwickelt und sah recht ansehnlich aus. Zwischen Audrey und mir knisterte es heftig. Ich konnte es mir nicht recht erklären, doch es kam, wie es kommen musste. Wir begannen, eine Liebesbeziehung aufzubauen. Ich fühlte mich großartig.

Im November rief ein guter Freund an und schlug mir vor, mich mal bei der Versicherung, für die er arbeitete, vorzustellen. Also habe ich einen Anzug gekauft und mich ins Vorstellungsgespräch gewagt. Alles lief wie am Schnürchen. Ich arbeitete mich sehr schnell in dieses Geschäft ein und machte mich bereits im Dezember selbstständig. Von da an verkaufte ich Versicherungen und Bausparverträge. Zudem fing ich an, Bücher von Zig Ziglar und Dale Carnegie über den Verkauf zu lesen, ich habe sie förmlich verschlungen. Die ganzen Jahre zuvor wäre ich niemals auf die Idee gekommen, ein Buch in die Hand zu nehmen, und plötzlich hatte ich alle Bücher von Dale Carnegie in meinem Schrank. Ich besuchte jede Menge Seminare zu Themen wie Körpersprache, Rhetorik, Stimmtraining, Ausstrahlung etc.

KAPITEL 1

Im Februar 2006 war es für mich nun selbstverständlich geworden, morgens im Anzug zur Arbeit zu fahren. Dabei verlor ich nicht die Bodenhaftung, denn ich wusste mein neues Leben wirklich zu schätzen. Ich kannte es schließlich auch ganz anders. Pro Woche verschlang ich zwei ganze Bücher über jegliche Bereiche der Persönlichkeitsentwicklung und verdiente mit dem Verkauf von Versicherungen eine Menge Geld. Doch der neue Job hatte einen großen Haken: Im Versicherungsgeschäft laufen einfach ein paar Dinge ab, die so stark meinen Wertvorstellungen widersprachen, dass ich diesen Job im März 2006 wieder aufgab.

Und nun war es an der Zeit, mir zum ersten Mal in meinem Leben schriftliche Ziele zu setzen!

Ich las einige Bücher zum Thema Zielsetzung und zog mich für ein paar Tage völlig von der Außenwelt zurück. Ich ging nicht mehr ans Telefon und stellte mir ein paar der wichtigsten Fragen, die sich jeder Mensch irgendwann in seinem Leben stellen sollte:

- Was genau will ich von meinem Leben?
- Wer will ich sein?
- Was sind meine bisher verborgenen Lebensträume, die ich mir gerne erfüllen möchte?
- Gibt es etwas, was ich beruflich tun könnte, was mich wirklich erfüllt?
- Wie viel Geld will ich verdienen?
- Welchen Lebensstandard will ich pflegen?

KAPITEL 1

- Wie soll mein Körper aussehen?
- Will ich rauchen? Will ich Alkohol trinken?
- Welches Auto werde ich fahren, und in welchem Haus werde ich leben?
- Wo genau werde ich leben?
- Welche Gewohnheiten will ich in mein Leben integrieren?

Zwei der wichtigsten Gewohnheiten, die mein Leben für immer verändern sollten, waren geboren:

1. Ich lese seit Februar 2006 bis heute (Frühjahr 2017) jede Woche mindestens ein Sachbuch zu den Themen Persönlichkeitsentwicklung, Motivation, Erfolg und Co.
2. Ich setze mich einmal pro Jahr, Ende Dezember, für mindestens einen Tag hin und reflektiere das vergangene Jahr analytisch, schaue mir an, ob ich noch „auf Kurs" bin und setze mir neue, kraftvolle Ziele für das nächste Jahr. Mittlerweile habe ich vier erfolgreiche Firmen aufgebaut, Tausende Menschen auf dem Weg zu ihren wahren Lebensträumen als Coach begleitet und alles erreicht, von dem ich früher nicht zu träumen gewagt hätte.

KAPITEL 1

Auch wenn die Beziehung mit Audrey 2006 nach 6 Monaten zerbrach und auch wenn ich keine Versicherungen mehr verkaufte und pleite war, hatte ich den Gedanken verinnerlicht, dass ich alles im Leben erreichen kann, wenn ich es mir zum festen Ziel setze und bereit bin, alles dafür zu tun, mein Ziel zu erreichen!

Das klang damals für mein Umfeld vollkommen unrealistisch und verrückt, aber meine Ziele waren:

- schlank und trainiert zu sein und regelmäßig Sport zu treiben;
- als Erfolgscoach zu arbeiten und eigene Unternehmen aufzubauen;
- meine Traumfrau zu finden und Vater zu werden;
- Nichtraucher zu sein und gesund zu leben;
- einen Porsche mit mehr als 400 PS zu besitzen und in einer Villa mit Garten zu leben;
- einen guten Teil des Jahres unter spanischer Sonne zu verbringen;
- mit meinen Unternehmen Millionen zu verdienen;
- so vielen Menschen wie möglich dabei zu helfen, ihre eigenen Träume zu entdecken und ihre Ziele zu erreichen!

Ich versuchte, jeden Tag ein Bild von meinem zukünftigen (Traum)-Leben in meinem Kopf zu sehen, und mit der Zeit wurde mir immer klarer: In meinem äußeren Leben sprach NICHTS dafür, dass ich in der Lage wäre, diese Ziele zu erreichen. Weder hatte ich bisher den Drive noch das Wissen noch irgendwelche Erfahrungen von „Erfolg". Mein Umfeld hätte ich mich als „netten und

KAPITEL 1

unsicheren Typen" beschrieben, der, wenn er Glück hat und sich anstrengt, vielleicht irgendwann mal einen guten Job bekommt, mit dem er sein Leben selbst auf die Reihe bekommt.

Da ich mein ganzes geerbtes Geld komplett für Drogen und Glücksspiele ausgegeben hatte, bekam ich seit 2006 Hartz 4. Ich lebte also inzwischen von ziemlich genau 340 Euro im Monat.

Ich musste Mittel und Wege finden, die es mir ermöglichen würden, einen Porsche zu fahren, an einem Traumstrand zu leben, glücklich und selbstbewusst zu sein, usw... Meine faktische Ausgangsposition war sehr schlecht! Meine GEFÜHLTE Ausgangsposition war fantastisch, denn ich hatte Ziele!
Mit welchen Techniken ich meine hochgesteckten Ziele tatsächlich erreichte, davon handelt dieses Buch!

Zeitsprung ins Jahr 2017:

Weil dieses Buch keine vollständige Autobiografie, sondern ein Praxisratgeber für Erfolg und Glück im Leben ist, erlaube ich mir, an dieser Stelle die Story etwas abzukürzen. Im weiteren Verlauf des Buches werden immer mal wieder Storys zu lesen sein, die schildern, wie die jeweilige Technik auch mein Leben veränderte.

Der gesamte Rest des Buches eröffnet Dir alle Techniken und Methoden, die ich selbst entdeckte und verwendete, um meine Ziele zu erreichen. Und Du kannst Deine Ziele ebenfalls damit erreichen. Falls Du noch gar keine exakten

KAPITEL 1

Ziele hast, ist das auch kein Problem, denn auch dabei wird Dir hier gerne geholfen! ;)

Heute im Frühjahr 2017 habe ich meine Ziele von damals alle erreicht (an manchen arbeite ich lebenslang weiter).

Das alles waren natürlich SEHR hochgesteckte Ziele, und kein einziger Mensch in meinem Umfeld hat damals daran geglaubt, dass ich sie erreichen würde.

Zumal es noch einen unerwarteten Tiefschlag in meinem Leben gab, mit dem ich niemals gerechnet hatte:

Nach einem sehr schönen dreijährigen Mallorca-Ausflug (2010 – 2013) zog ich Anfang 2013 zurück nach Deutschland. Die Geschäfte liefen wahnsinnig gut, und ich arbeitete sehr viel an Projekten, die mir Spaß machten.

Ende 2013 erfüllte ich mir meine jahrelang gehegten materiellen Träume und kaufte mir eine Luxuslimousine mit 400 PS aus dem Hause Porsche und zog gemeinsam mit meiner Frau Hannah in eine riesige Villa mit großem Garten. Das wirkte nach außen natürlich sehr erfolgreich, und ich wähnte mich bereits am Ziel. Ich habe mein ganzes Leben lang unter anderem darauf hingearbeitet, mein Traumauto vor meinem Traumhaus zu parken.

KAPITEL 1

Mai 2014 auf dem Parkplatz meiner damaligen Villa mit meinem ersten Porsche Cayman

Als meine Mutter mich Ende 2013 in meiner Villa besuchte, begutachtete sie die hohen Decken und den gigantischen parkähnlichen Garten. Sie umarmte mich lange, als ob sie mir mitteilen wollte, wie unglaublich stolz und glücklich sie war.

Ich sagte zu ihr: „Mama, ich hab's geschafft. Ich habe alles erreicht, was ich wollte, und bin unglaublich glücklich!"

Sie antwortete: „Es ist mir völlig egal, was Du hast oder nicht hast, mein Sohn. Die Hauptsache ist und war immer, dass es Dir gut geht und Du glücklich bist!"

KAPITEL 1

Als ob sie geahnt hätte, was in den folgenden Monaten auf mich zukommen sollte.

Mein neu erworbener und immer gewünschter Luxus machte mich erstaunlicherweise überhaupt **nicht** glücklich. **Ganz im Gegenteil!** Ich hatte nun alles, was man sich wünschen kann, und fühlte mich dennoch erstaunlicherweise das erste Mal nach vielen Jahren wieder so richtig unglücklich.

Mitte 2015. Der Schein trügt denn in meinem tiefsten Herzen war ich trotz äusserem Erfolg überhaupt nicht erfüllt, da ich meine wahren Ziele aus den Augen verloren hatte.

KAPITEL 1

Das war wie ein Schock für mich, an einem Punkt in meinem Leben, an dem ich ihn am wenigsten erwartet hätte. Und ich verstand zunächst auch gar nicht, warum ich so unglücklich war.

Ich konnte mich auch nicht mehr dazu motivieren, neue Projekte anzugehen. In meinem Leben herrschte lähmender Stillstand, den ich noch nicht mal wie früher auf meine Armut oder meine fehlenden Möglichkeiten schieben konnte.

Diesen ätzenden und unangenehmen Zustand konnte ich erst Anfang 2016 wieder auflösen, und ich schrieb diese Erfahrung in folgendem Original-Facebook-Post am 5. April 2016 nieder:

KAPITEL 1

Danny Adams
5. April 2016

2010 lebte ich im Osten von Mallorca, fuhr einen Kleinwagen, wohnte in einer kleinen einfachen Wohnung und arbeitete vom Laptop aus. Ich war extrem produktiv und erschaffte so einige Projekte die sehr profitabel waren. Das wichtigste: Ich war GLÜCKLICH!

Als ich mich dann "aufgrund des Erfolgs" verpflichtet fühlte "aufzurüsten" um mir "meine Wünsche" zu erfüllen hatte ich auf einmal ein riesiges Home-Büro mit einem sehr grossen Schreibtisch mit 3 Monitoren im grossen Haus und auch ansonsten alles im leben was ich mir immer so wünschte. Wirklich ausnahmslos alles...

... aber so GLÜCKLICH wie 2010 wurde ich nicht mehr...
im Gegenteil. Alles Materielle wurde besser, das Lebensgefühl am Ende fühlte sich für mich an wie ein Gefängnis...

- Der grosse Garten sorgte dafür das ich nur noch den Hund raus ließ und auf Spaziergänge weitgehend verzichtete auch weil mir die Gegend nicht das gab was ich brauche (weitblick, "echte Natur")...

- Das 400 PS Auto sorgte dafür das ich mich während der Fahrt stresste weil die Leute mir nicht schnell genug die linke Spur verliessen 😃

- und die dicke Wolkendecke die ständig wochenlang über Deutschland kreist vertragen viele andere scheinbar besser als ich. Ich brauche sonnenstrahlen, helles Licht und den ewig weiten Blick auf das Meer...

... also lebe ich jetzt wieder im Osten von Mallorca, fahre einen Kleinwagen, habe eine kleine einfache Wohnung und arbeite vom Laptop aus. Und bin wieder exakt so produktiv wie damals. Und das wichtigste: Genau so GLÜCKLICH!

Manchmal ist die Lösung so einfach! 🙂

KAPITEL 1

„Erfolg ohne wahre innere Erfüllung ist in Wirklichkeit Misserfolg." –
Anthony Robbins

Warum war ich am bisher höchsten Punkt des Erfolgs auf einmal demotiviert und lustlos?

Weil ich meine wahren Ziele aus den Augen verloren hatte und zudem einiges erreicht hatte, von dem ich dachte, dass es mich erfüllt. Aber in meinem Leben gibt es nur eine Sache, die mich wirklich von ganzem Herzen erfüllt, und das ist: aufregende neue Ziele mit Leidenschaft zu verfolgen!

Erfolge zu erringen, ist wunderbar, und man sollte sie gebührend feiern. Aber dann geht es weiter!

Ganz egal, was Du persönlich im Leben erreichen willst. Ganz egal, was für Dich persönlich „Erfolg" bedeutet …

… mithilfe dieses Buches wirst Du Dein Leben auf die nächsthöhere Stufe bringen können.

Ich habe alle Techniken, mit denen ich mein eigenes Leben radikal und in kurzer Zeit vom arbeitslosen Messie mit Sozialphobie zum selbstbewussten Millionen-Unternehmer verändert habe, in dieses Buch gepackt, und mein Wunsch ist, dass so viele Menschen wie möglich hiervon profitieren können.

KAPITEL 1

Ich bin zutiefst davon überzeugt, dass jeder Mensch so ziemlich alles erreichen kann, was er sich vornimmt. Träume sind da, um sie wahr zu machen.

Natürlich gibt es Grenzen. Falls Du nur 1,50 Meter misst, solltest Du Dir vielleicht nicht vornehmen, der beste Basketballer des Planeten zu werden, denn das hätte wohl eher wenige Aussichten auf Erfolg.

Doch die meisten Menschen begrenzen sich selbst, indem sie sich viel zu enge Grenzen für das setzen, was in ihrem Leben möglich ist. Im nächsten Kapitel erfährst Du, wie ein sogenannter Glaubenssatz genau entsteht, und anschließend werden wir uns darum kümmern, wie Du Dein Gehirn so programmieren kannst, dass es Dir alle Möglichkeiten eröffnet, die es Dir erlauben, zu tun, was du willst, und zu sein, wer immer Du sein willst.

Gestalte Dein Leben so, wie Du es willst! Erfolg ist kein Zufall, sondern die Folge zielgerichteten Handelns!

KAPITEL 1

Dezember 2016 – Angekommen in der Welt des wahren und tiefen Lebensglücks

Fazit aus diesem Kapitel

Es ist vollkommen egal, wie ein Mensch erzogen wurde und was er bisher aus seinem Leben gemacht hat. Das menschliche Gehirn und der menschliche Körper sind erstaunliche Organismen, die zur Selbstheilung fähig sind. Wenn ein Mensch beschließt, neue, kraftvolle Glaubenssätze, Werte und Ziele in sein Leben zu integrieren, kann daraus eine völlig neue, erfolgreichere und glücklichere Lebensgeschichte entstehen!

Frage Dich, lieber Leser:

- Gab es schon einmal in meinem Leben eine oder mehrere Situationen, die schwierig waren, aus denen ich aber gestärkt hervorgegangen bin?
- Gibt es zum jetzigen Zeitpunkt in meinem Leben offene Potenziale und Chancen, die ich nur dann erreichen kann, wenn ich mich selbst verändern würde?

Was solltest Du vermeiden?

- Dich selbst zu unterschätzen und auf Menschen zu hören, die Dir sagen, dass Du nicht zu mehr imstande bist, als Du gerade in deinem Leben tust.
- Zu glauben, dass wir dafür leben, dass irgendwann alle Ziele erreicht sind und wir uns zurücklehnen können (z. B. sobald es Rente gibt).

KAPITEL 1

Wir Menschen haben einen starken inneren Drang nach Wachstum, den wir befriedigen müssen. Da die meisten Menschen persönlich und beruflich nicht wachsen, konsumieren sie ein Produkt nach dem anderen, um sich in der Illusion zu wähnen, Fortschritte zu erlangen.

Was führt zum Erfolg?

- Dich ernsthaft mit Dir selbst zu beschäftigen und Dich für die Möglichkeit zu öffnen, dass Du viel mehr in Deinem Leben erreichen kannst, als Du es Dir bisher jemals vorgestellt hast.
- Das zu tun, was Dein Herz Dir sagt, und niemals etwas zu tun, was für andere zum Nachteil ist.
- Dieses Buch einmal komplett durchzulesen und durchzuarbeiten, denn hier erfährst Du einen zuverlässigen Weg, um erfolgreich und glücklich zu werden.

Kapitel 2 – Talent ist eine Lüge

„Ich glaube nicht, dass ich besonderes Talent besitze. Ich bin lediglich hartnäckig. Auch nach dem ersten, dem zweiten, dem dritten Fehlschlag gebe ich einfach nie auf." – Carlos B. Rubbia

Weißt Du eigentlich, was alle Menschen miteinander verbindet?
Natürlich gibt es eine Menge körperlicher Faktoren, die bei uns allen gleich sind. Klar müssen wir alle mal auf die Toilette, etwas essen und schlafen. Das sind Dinge, die allen Menschen klar sind.

Aber was fast niemand weiß, ist, dass beinahe alle Menschen von den gleichen Sorgen und Nöten geplagt werden. Wir fühlen uns meistens alleine mit unserem inneren Dialog, der uns vielleicht manchmal wie ein Kampf zwischen zwei verschiedenen Parteien vorkommt. Wir glauben viel zu oft, dass es Menschen gibt, die nicht auch mal an sich selbst zweifeln. Oder dass wir vielleicht Fehler haben, von denen wir anderen nichts erzählen sollten, weil sie einfach zu krass und sogar seltsam sind.

Ich habe bis zum heutigen Tag etwa 1.500 Menschen – Männer und Frauen – in Einzelcoachings betreut und mehrere Tausend bei Seminaren trainiert. Und wenn sich eine Sache dabei ganz klar herauskristallisiert hat, dann die, dass wir Menschen uns viel, viel mehr ähneln, als es allgemein bekannt ist.

KAPITEL 2

Ich habe einige kokainabhängige Menschen persönlich kennengelernt, die am Hauptbahnhof leben und täglich stehlen müssen, um genügend Kokain kaufen zu können und ihre Sucht zu befriedigen. Genauso wie einige Millionäre, die aus innerer Frustration heraus ebenfalls täglich koksen. Manchen dieser Millionäre geht es seelisch bei Weitem schlechter als den Obdachlosen auf der Straße.

Sagt Dir vielleicht der Name John Belushi etwas? John war in Amerika ein sehr berühmter Schauspieler, Komiker und Sänger. Er spielte in zahlreichen Kinofilmen mit, hatte viel Geld, sehr viele Freunde und war einer der beliebtesten Menschen Amerikas.

John brachte sich im Alter von nur 33 Jahren um (mit einem „Speedball", einer Mischung aus Kokain und Heroin), weil er in seinem Leben keinen Sinn mehr sah.

Nun frage ich Dich: War John Belushi ein erfolgreicher Mann?
Ganz ehrlich, denke bitte mal eine Sekunde darüber nach.
War John Belushi erfolgreich?
Die klare Antwort lautet: nein!!

Er war unglaublich UN-erfolgreich, weil er mit seinem Leben nicht zufrieden war. Du kannst noch so viel erreichen – wenn es Dir keine wahre innere Erfüllung bringt ... Wenn Du nicht liebst, was Du tust ... Wenn es sich so anfühlt, als sei es einfach eine Pflicht und völlig normal, es zu tun ...

KAPITEL 2

… dann ist es KEIN Erfolg, sondern ein Misserfolg.

Ganz egal, was auch immer Du in Deinem Leben erreichst oder nicht erreichst. Du kannst es nicht einfach an den Meinungen anderer Menschen oder an dem Weltbild Deines Vaters, Deiner Mutter oder Deines besten Freundes bemessen. Was andere Menschen über Dich denken, ist Dir momentan vielleicht wichtig, aber in Wirklichkeit hat das rein gar nichts mit Deinem eigenen Glück zu tun.

Vielleicht denkst Du Dir auch, dass Du erst dann glücklich bist, wenn auch andere Dein Glück anerkennen können. Aber das ist einer der schlimmsten und verhängnisvollsten Trugschlüsse, die uns das Leben bietet. Es ist sogar der Tod des eigenen Glücks.

DEIN LEBEN GEHÖRT DIR!!! ALSO MACH DAMIT AUCH, WAS DU WILLST!!!

Nun, falls Du gerade beim Lesen glaubst, dass es eine Menge Gründe gibt, die Du mir am liebsten gleich schreiben willst, warum das eben alles „nicht so einfach ist", wie ich es hier beschreibe, dann habe bitte ein bisschen Geduld. Wir beide werden Dein Leben gemeinsam ein wenig aufschlüsseln und Möglichkeiten finden, um letztendlich ALLES so verändern zu können, wie Du es Dir in Deinen kühnsten Träumen ausmalst.

Lass uns jetzt ein bisschen über eine der größten Lügen sprechen, die fast alle Menschen glauben und die es uns oft so schwer macht, etwas Bestimmtes zu erreichen.

KAPITEL 2

Es gibt Wunderkinder, die bereits mit drei Jahren lesen können und mit 14 ihr Abitur abschließen, weil sie mehrere Klassen übersprungen haben. Es gibt Leute, die sich an ein Musikinstrument setzen und schon nach kürzester Zeit – schneller, als es für andere möglich ist – tolle Songs spielenkönnen. Es gibt Menschen, die von Natur aus einen hohen IQ besitzen und dadurch vielleicht erst mal mehr Möglichkeiten haben als andere.

Das schreibe ich nur, damit Du weißt, dass ich Dir hier keine Fantasiegeschichten erzählen will. Klar bietet das Leben manchmal fürchterliche Schicksalsschläge, und manchmal erwischt es uns eiskalt. Wir können eben nicht alles komplett kontrollieren und ausnahmslos immer mit einem fröhlichen Lächeln durchs Leben laufen.

ABER: Und dieses „Aber" sollte eigentlich mindestens die Schriftgröße 200 haben:

Du kannst (fast) alles erreichen, was Du wirklich von Herzen willst! Die meisten Menschen überschätzen das Wort „Talent"! Sie glauben, es würde bedeuten, dass nur manche Menschen etwas Bestimmtes schaffen können, und andere eben nicht.

Aber hat ein Michael Schumacher als Kind nicht jeden einzelnen Tag in einem Gokart-Center in Kerpen verbracht und wurde dadurch einer der besten Fahrer der Welt?

KAPITEL 2

Während andere Menschen am Wochenende in Clubs und Bars waren, um zu feiern, hat Michael Schumacher sich weiter mit seiner Leidenschaft beschäftigt und hart trainiert, viele Fehler gemacht, seinen Fahrstil optimiert, alles über Autos und Motoren gelernt, um dadurch zu dem berühmten Rennfahrer zu werden, der er war.

War das Talent? Sicher nicht! Fast alle wahren Könner auf einem Gebiet mussten sich ihr Können hart erkämpfen. Und was haben alle gemeinsam?

Sie haben Fehler gemacht! Fehler machen zu können und offen dazu zu stehen, ist eine der wichtigsten Fähigkeiten erfolgreicher und glücklicher Menschen. Denn wir lernen eben alle am meisten, indem wir erst mal etwas falsch machen.

Denke nur mal daran, als Du freihändig Fahrrad fahren gelernt hast. Oder als Du Deinen Führerschein gemacht hast. Als Du lesen gelernt und für Diktate geübt hast. Denke an alles, was Du heute gut kannst und was Dich ausmacht. Und wir beide wissen genau:

Du hast eine Menge Fehler gemacht, um so gut in diesen Bereichen zu werden, wie Du es heute bist! Das ist normal und richtig. Anders geht es nicht!

KAPITEL 2

Und genau dieser Punkt ist das größte Hindernis für die meisten Menschen, wenn es darum geht, sich zu verändern. Wir leben in einer ängstlichen Gesellschaft, deren Mitglieder es verlernt haben, Fehler als etwas Gutes anzusehen. Fehler als die notwendigen Schritte zum Erfolg zu betrachten.

Vor allem die Menschen, denen das meiste Talent nachgesagt wird, haben häufig die meisten Fehler auf ihrem Gebiet gemacht, um so gut zu werden, wie sie es heute sind.

Thomas Edison, der Erfinder der Glühbirne, baute zuerst über 1000 (!!) Konstruktionen von Glühbirnen, die nicht funktionierten. Alle seine Freunde und Geschäftspartner gerieten ins Schmunzeln, wenn Thomas Edison mal wieder mit einer neuen Konstruktion daherkam, und jeder war schon von vornerein davon überzeugt, dass sie erneut nicht funktionieren würde. Schließlich hatte man ja schon so oft gesehen, dass er es einfach nicht schaffte.

Aber Thomas Edison war ein Visionär, ein Träumer. Er war jemand, der fest davon überzeugt war, seinen größten Traum zu verwirklichen und es irgendwie zu schaffen, dass alle Menschen auch nachts Bücher lesen und in beleuchteten Räumen sitzen können. Er war dermaßen von seiner Sache überzeugt, dass er nach jedem gescheiterten Versuch sagte:

„Jeder gescheiterte Versuch ist gut und richtig! Er führt mich nur näher zu meinem Ziel! Ich lerne jedes Mal besser, wie es nicht geht!" – Thomas Edison

KAPITEL 2

Mir persönlich wurde von gleich mehreren Ärzten eine motorische Störung attestiert, weil ich als Säugling neun Monate lang meine Fäuste nicht öffnete und körperlich nicht dazu in der Lage war. Noch vor 15 Jahren hieß es, dass ich meine Hände niemals richtig würde koordinieren können. Zum Glück dachte ich nicht daran, als ich vor 13 Jahren begann, Gitarre spielen zu lernen.

Heute habe ich manchmal kleine Auftritte in Hotels in meinem Wohnort auf Mallorca. Hätte ich damals daran gedacht, dass ich angeblich unfähig bin, Gitarre spielen zu lernen, hätte ich eventuell niemals damit angefangen oder jede Schwierigkeit als ganz normal angesehen, da es mir ja schwerer fallen muss.

Tatsache ist, dass uns allen, Dir und mir, schon sehr viel Schwachsinn in unseren Kopf einprogrammiert wurde, der in Wirklichkeit nicht stimmt. Den uns andere Menschen, die begrenzende Glaubenssysteme in ihren Köpfen haben, fast schon eingepflanzt haben. Viele Menschen haben z. B. Angst, vor einer großen Menge Menschen zu sprechen, weil sie sich einbilden, dass sie sich bloßstellen oder blamieren könnten. Jeder von uns kennt Situationen, in denen wir uns unsicher sind und uns fast schon der Realität ausgeliefert fühlen, völlig machtlos zu sein, etwas zu tun.

Du hast ja bereits im ersten Kapitel die Story gelesen die mein Leben für immer verändert hat. Ich war damals, im Jahr 2004, Sozialphobiker mit schweren Wahnvorstellungen und war IMMER nervös, wenn ich draußen unterwegs war und fremde Menschen um mich herum hatte. Oft wusste ich nicht, wie ich

KAPITEL 2

mich richtig verhalten sollte. Mir fiel es schwer, Kontakt zu fremden Menschen zu knüpfen, und daraus resultierte natürlich eine Frustration.

Heute kennen mich meine Freunde als einen selbstsicheren und meist gut gelaunten Menschen, der einfach tut, worauf er Lust hat. Dabei weiß ich noch lange nicht in allen Situationen, was ich jetzt tun sollte. Aber jede Unsicherheit ist komplett weg, weil es mir völlig egal geworden ist, was andere Menschen, die mich nicht gut kennen, über mich denken.

Es gibt einfach niemanden, der wegen irgendetwas, was er gut kann, besser wäre als Du oder ich! Bitte behalte das immer im Hinterkopf und sage es Dir, wenn Du einmal in einer Situation irgendwie unsicher sein solltest. Fühle Dich einfach frei, so arrogant zu sein und Dich selbst als einen extrem wertvollen Menschen zu sehen.

Und wenn ich ganz ehrlich bin, ist das nicht wirklich arrogant! Es ist die beste und effektivste Einstellung, mit der Du durchs Leben gehen kannst. Sprenge die alten Ketten weg.

Mache Dir klar, dass Du dazu in der Lage bist, alles zu erreichen, was Du nur willst!

Was Du dazu brauchst, ist der feste Glaube daran. Denn Dein tiefer innerer Glaube ist stärker als alles andere. Sogar Dein Wille ist noch lange nicht so stark wie Dein Glaube.

KAPITEL 2

Im nächsten Kapitel gehen wir ans Eingemachte, und Du wirst auf den folgenden Seiten Techniken kennenlernen, die es Dir erlauben, ein Glaubenssystem bzw. ein „Mindset" zu bekommen, das es Dir erlaubt, alles zu sein und zu tun, was immer Du willst.

Ich weiß, dass dies für viele Menschen immer zuerst etwas „reißerisch" klingt. Und auch ich halte eine gesunde Skepsis für angebracht, wenn es um Superlative geht. Allerdings ist auch völlig klar, dass Du ohne echte Begeisterung und Leidenschaft nichts in Deinem Leben verändern kannst.

Darum möchte ich Dich einfach zu Experimentierzwecken ermuntern, es für möglich zu halten, dass Dein zukünftiges Leben viel besser und schöner verlaufen wird, als Du es Dir jemals vorgestellt hast!

KAPITEL 2

Fazit aus diesem Kapitel:

Talent existiert! Aber eher erreicht der Fleißige ohne Talent sein Ziel als der Faule mit Talent. Du musst nicht unbedingt ein Talent für eine Sache haben, um darin sehr gut zu werden. Lass Dich niemals im Leben von etwas abhalten, nur weil irgendwelche Menschen Dir sagen, dass Du nicht genug Talent dazu hättest. Der einzige Mensch, der entscheiden sollte, wofür Du geeignet bist und wofür nicht, bis Du selbst ganz alleine!

Frage Dich, lieber Leser:

- Gab es schon einmal in meinem Leben eine gute Idee oder einen Traum, den ich fallen gelassen habe, nur weil jemand anderes mir attestiert hat, dass ich nicht gut genug darin bin?
- Gibt es Dinge, die mir Spaß machen oder die vielleicht sogar meine Leidenschaft sind, von denen ich aber bisher immer dachte, dass ich dafür kein Talent hätte? Ist es eventuell möglich, dass ich einfach nur nie genügend „trainiert/geübt" habe, weil ich mir diese Dinge von vornherein nicht zugetraut habe?

KAPITEL 2

Was solltest Du vermeiden?

- Wenn ein anderer Mensch eine negative Meinung über einen Deiner Vorsätze, Träume oder Ziele hat, dann solltest Du ganz genau prüfen, ob Du auf diese Meinung Wert legst. Meistens ist dem nicht so und Du solltest an Deinen Träumen festhalten und weiterhin daran glauben.
- Passe immer dann gut auf, wenn Menschen darüber sprechen, wer für ein bestimmtes Projekt geeignet ist und wer nicht, weil die meisten Menschen grundsätzlich dazu in der Lage sind, viel mehr zu schaffen, als ihnen zugetraut wird, wenn sie es sich fest vornehmen und alles dafür tun, ihren Traum zu erreichen!

Was führt zum Erfolg?

- Vorurteilsfrei zu überlegen, was Dir wirklich Spaß macht und was Deine Leidenschaft ist, anstatt zu schauen, was Du bereits gut kannst!

KAPITEL 3

Kapitel 3 – Dein Glaube entscheidet über Deine Lebensqualität!

„Die größte Entscheidung Deines Lebens liegt darin, dass Du Dein Leben ändern kannst, indem Du Deine Geisteshaltung änderst." – Albert Schweitzer

Sie sind zwei Zwillingsbrüder, die unterschiedlicher nicht sein könnten. Karl und Jayden Smith wuchsen in Kalifornien unter den gleichen Bedingungen auf. Ihre Mutter starb, als sie beide zwei Jahre alt waren. Ihr Vater mutierte daraufhin zu einem wirklichen Psychopathen voller Selbsthass und Wut.

Karl und Jayden wurden ihre gesamte Kindheit über von ihrem ständig schwer alkoholisierten Vater verprügelt. Beide wurden immer wieder eingesperrt und hörten niemals freundliche Worte von dem Mann, der ihnen tagtäglich das Leben zur Hölle machte.

Karl und Jayden leben heutzutage ein Leben, wie es unterschiedlicher nicht sein könnte. Jayden ist Vorstandschef einer örtlichen Bank in Florida, verdient gutes Geld, hat eine Frau und zwei Kinder, ein großes Haus, spekuliert in seiner Freizeit an der Börse und spielt leidenschaftlich gerne Tennis in seinem Verein.

Karl hingegen ist das Ebenbild seines Vaters, hat aber zum Glück keine Kinder. Er versäuft sein Arbeitslosengeld und fristet ein tristes Dasein in einem Heim für Obdachlose. Seine Wutausbrüche sind gefürchtet, und jeder in seinem näheren Umfeld weiß, dass man Karl besser aus dem Weg geht.

KAPITEL 3

Beide wurden für ein Zeitungsinterview unabhängig voneinander befragt, WARUM sich ihr Leben genau so entwickelt hat bzw. wie es zu dazu gekommen ist.

Willst Du die Antwort wissen?
Die Antwort von beiden war die gleiche:
„Ist doch klar! Bei dem Vater!"

Beide sind unter den gleichen Bedingungen aufgewachsen. Doch während der eine das als Grund nahm, aus seinem Leben ebenfalls nichts zu machen, wurde der andere nur noch mehr angespornt, endlich etwas aus seinem Leben zu machen.

Sehr oft im Leben werden wir vor Prüfungen und Entscheidungen gestellt, und die meisten Menschen glauben, dass sie nicht darüber entscheiden könnten, wie ihr Leben in der nächsten Zeit genau aussehen wird. Schuld daran sind niemals der Staat oder unsere Mitmenschen, sondern die Entscheidungen, die wir in jedem Augenblick unseres Lebens treffen.

Manchmal handeln Menschen erst, wenn der Schmerz am größten ist, und manche versuchen selbst dann, blind über diese Tatsache hinwegzusehen. Doch in Wirklichkeit haben wir alle die gleichen Chancen, Ressourcen und Möglichkeiten. Diesen Faktor übersehen viele allerdings und baden in ihrem eigenen Selbstmitleid, ohne endlich einmal über all die Möglichkeiten nachzudenken, die jedem von uns offenstehen.

KAPITEL 3

- In einer schlechten Beziehung gefangen?
- Hoch verschuldet?
- Zu wenig Zeit für Dich selbst, weil zu viel zu tun ist?
- Lebensumstände, die Dir nicht passen?
- Ungesunde Ernährung oder zu viel Nikotin/Alkohol?
- Dein Job gefällt Dir nicht wirklich, und Du quälst Dich regelmäßig zu Deinem Arbeitsplatz?
- Du hast Probleme mit manchen Menschen in Deinem Umfeld und glaubst, es gibt keine Lösung dafür?

Egal, was es auch ist. Wenn Du ein glücklicher und erfolgreicher Mensch sein willst, musst Du Dich mit der Vorstellung anfreunden, dass es keine Probleme gibt, sondern lediglich und ausschließlich HERAUSFORDERUNGEN!!!

==Es gibt keine Probleme, sondern nur Herausforderunge==n! Versuche einfach mal, in den nächsten Tagen ==das Wort „Problem" stets d====urch das Wort „Herausforderung" zu ersetzen. In== Deinen Gedanken, in jedem Gespräch und in jeder Situation, wie übel sie auch sein mag.

Wenn Du wirklich einen großen Sprung nach vorne in Deinem Leben vorhast, müssen wir uns zu allererst um die Art, wie Du denkst und mit Dir selbst sprichst, kümmern. Menschen, die glauben, dass die Welt voller Probleme ist, werden sich auch ständig dementsprechend fühlen und so handeln.

KAPITEL 3

Menschen, die derartige Situationen als Herausforderung sehen, haben auch gleichzeitig viel mehr Kraft und Energie, um diese Dinge wirklich zu meistern. Im späteren Verlauf des Buches ist dem kraftvollen Umgang mit Wörtern noch ein eigenes Kapitel gewidmet.

Wenn Du es schaffst, Dein Denken ganz langsam und allmählich zu verändern, wirst Du Dich auch automatisch besser fühlen und mehr Power für die Dinge haben, die Dir wirklich wichtig sind. Dieses Beispiel, das Wort „Problem" durch das Wort „Herausforderung" auszutauschen, ist bereits ein sehr guter Anfang, denn nun gaukelst Du nicht nur Dir und Deinem Gehirn vor, dass alles etwas leichter ist, wenn Du mal über Deine Herausforderungen nachdenkst und diese wirklich als solche siehst. Nein.

Du wirst nach einer Zeit sogar wirklich diese Einstellung verinnerlichen (!) und Dir Dein Leben dadurch ein großes Stück leichter machen.

Jetzt geht's ran! Lass uns aufräumen!

Und zwar in Deinem Kopf. Lass uns den Kram entsorgen, den Du nicht brauchst, und Platz machen für neue Denkmuster und Verhaltensweisen. Ich hatte Dir versprochen, dass wir eine Menge gemeinsam erreichen können, WENN Du aktiv mitmachst und dazu bereit bist, die Dinge in die Hand zu nehmen. Jetzt gleich kommt schon so ein Zeitpunkt, an dem Du eine Entscheidung treffen musst.

KAPITEL 3

Du musst entscheiden, ob Du diese Übung machst oder nicht. Und ich verspreche Dir hoch und heilig: Dies kann eine der wichtigsten Entscheidungen Deines Lebens sein und Dich auf Dauer zu einem komplett veränderten und glücklichen Menschen machen. Ich weiß das genau, denn mir erging es damals ähnlich, nachdem ich begann, in meinem Kopf aufzuräumen und Platz zu machen für die Dinge, die ich wirklich jeden Tag erleben, denken und fühlen will.

Du entscheidest ganz alleine, ob Du schon bald jeden Morgen voller Energie mit einem guten Gefühl aufwachst oder – wie die meisten Menschen – ziemlich träge und lustlos durch Deinen Tag vegetierst. Welche Entscheidung willst Du treffen? Es ist DEINE Sache! Ich weiß allerdings genau, dass Du, wenn Du diesen Text hier liest, Lust darauf hast, etwas völlig Neues auszuprobieren, sonst würdest Du an dieser Stelle schon nicht mehr mitlesen. Also packen wir es jetzt an!

Erstelle Dir bitte jetzt gleich eine Liste! Schreibe alle Dinge auf, die Dich in Deinem Leben

* nerven,
* ärgern,
* vor denen Du Angst hast,
* die Du Dir nicht zutraust,
* von denen Du glaubst, dass Du sie nicht schaffen kannst.

KAPITEL 3

Herauskommen wird eine Liste mit einigen Deiner limitierenden Glaubenssätze. Jeder Mensch hat davon welche, und das ist auch nichts Schlimmes. Aber manche dieser Glaubenssätze blockieren Dich und Deinen Erfolg. Deshalb lass sie uns durch kraftvolle neue Glaubenssätze ersetzen, die Dich ermutigen und stärken!

Ich weiß, das klingt jetzt zunächst nicht gerade nach der schönsten Aufgabe Deines Lebens, aber wir müssen ein wenig aufräumen, bevor wir die neue Wohnung mit den besten Möbeln einrichten können. Das ist doch logisch, oder? Also, was muss ich jetzt noch genau tun, damit Du die Aufgabe wirklich durchziehst?

Ich weiß es: Ich kann nicht wirklich viel mehr tun, denn jetzt liegt es komplett an Dir.

Dies ist Deine erste praktische Aufgabe, die ich Dich bitte zu erledigen. Morgen zeige ich Dir dann, wie Du Deine Blockaden auflösen kannst und in Zukunft mit einer Menge mehr an Lebensfreude durch Dein Leben gehst.

Nimm Dir jetzt bitte wirklich 15 bis 30 Minuten Zeit und erstelle eine einfache Liste. Im nächsten Kapitel geht es darum, wie wir Deine limitierenden Glaubenssätze wirksam und für immer auflösen können.

KAPITEL 3

Fazit aus diesem Kapitel:

Menschen sind in ihren ersten sechs Lebensjahren in einem sogenannten Alpha-Zustand und lernen vorurteilsfrei von ihrer Umwelt, „wie das Leben funktioniert" und welche Meinungen man haben sollte. Sie lernen durch Imitation. Diese frühe Phase prägt unser weiteres Leben nachhaltig.

Irgendwann beginnen wir allerdings, die Verantwortung für unser Leben zu übernehmen, und sind in der Lage, neue Glaubenssätze anzunehmen, und zwar bis ins hohe Alter. Wir können deshalb jederzeit unser Leben ändern, indem wir ändern, woran wir tief in unserem Innersten glauben.

Frage Dich, lieber Leser:

- Wie haben sich meine Eltern/Erziehungsberechtigten im Hinblick auf Liebe, Geld und zwischenmenschlichen Umgang verhalten?
- In welchen (negativen) Punkten bin ich genauso wie die Menschen, die mich großgezogen haben, auch wenn es mir evtl. sogar schwerfällt, dies einzugestehen?

Was solltest Du vermeiden?

- Die meisten Menschen glauben, sich zu verändern, sei mit zunehmendem Alter schwerer. „Ich bin nun mal, wie ich bin!", ist ein sehr beliebter Spruch. Er ist allerdings glücklicherweise falsch. Indem

KAPITEL 3

Du dein Glaubenssystem änderst, kannst Du ändern, was für Dich möglich ist.

- Verbringe so wenig Zeit wie möglich mit negativen und traurigen Menschen, die immer nur vom Schlechten sprechen. Da wir Menschen auch im späteren Stadium unseres Lebens vor allem durch Imitation lernen, werden wir durch zu viel Umgang mit solchen Menschen selbst traurig und negativ.

Was führt zum Erfolg?

- Mache Dir zunächst einmal klar, welche limitierenden Glaubenssätze Du in Deiner Kindheit und Jugend und evtl. auch in den letzten Lebensjahren erlernt hast, die Du wieder loswerden möchtest. Im nächsten Kapitel wirst Du lernen, wie Du diese blockierenden Glaubensmuster für immer auflöst!

Kapitel 4 – Wie Du limitierende Glaubenssätze auflöst!

„Wir sind, was wir denken. Alles, was wir sind, entsteht aus unseren Gedanken. Mit unseren Gedanken formen wir die Welt." – Buddha

Falls Du im letzten Kapitel Deine limitierenden Glaubenssätze aufgeschrieben hast, hast Du sicherlich bemerkt: Das ist ganz schön anstrengend! Ja, absolut! Deshalb verändern sich die meisten Menschen ihr ganzes Leben lang nicht, sondern erleben zig Jahre lang den gleichen Jahreslauf mit den gleichen Problemen.

Viele Menschen sind in einem Leben gefangen, das sie eigentlich gar nicht führen wollen, wenn sie ehrlich zu sich selbst sind, kennen aber den Ausweg nicht.

Um festzustellen, wie schwierig Veränderungen für unser Gehirn sind, kannst Du ein einfaches Experiment durchführen. Hierzu eine Frage an Dich:

Welchen Schuh ziehst Du Dir immer zuerst an? Den linken oder den rechten? Vielleicht denkst Du jetzt: „Das ist ganz unterschiedlich", oder: „Ich habe nie darauf geachtet." Ich kann Dir versichern: Achte einmal bewusst darauf, und Du wirst feststellen, dass Du Dir so gut wie immer den gleichen Schuh zuerst anziehst.

KAPITEL 4

Nun versuche einmal, die Gewohnheit einzuführen, ab sofort immer den anderen Schuh zuerst anzuziehen. Du wirst merken: Das ist gar nicht so leicht, wie es sich anhört, denn jahrelang eingeprägte Denkgewohnheiten muss unser Gehirn erst einmal auflösen und neue Denkmuster etablieren. Es kann einige Tage dauern, bis sich Deine neue Gewohnheit eingeprägt hat. In der Regel vergehen etwa 30 bis 60 Tage, bis eine neue Gewohnheit wirklich zu 100 % „sitzt" und sich ganz natürlich anfühlt.

Veränderung ist anfangs nicht leicht. Stell es Dir vor wie bei einem Flug in die Karibik. Zuerst einmal braucht das Flugzeug unglaublich viel Kraft, um an Höhe zu gewinnen, doch wenn es einmal oben ist, bleibt es ganz leicht oben und verbraucht dann deutlich weniger Energie.

Genauso kannst Du es auch bei Deiner eigenen Persönlichkeitsentwicklung sehen! Ich habe wirklich allergrößten Respekt vor jedem Menschen, der die Übungen in diesem Buch hier durchzieht, weil sich das die meisten Menschen nicht trauen würden.

Klingt das vielleicht etwas übertrieben? Vielleicht glaubst Du, dass ich übertreibe. Falls es so ist, dann höre Dich doch mal im Bekanntenkreis um, und Du wirst nichts anderes hören als Ausreden, Ausreden und nochmals Ausreden, warum genau diese Person solche Dinge nicht braucht. Die meisten Menschen haben eben zu große Angst, dass sie etwas vielleicht nicht schaffen könnten, und fangen deshalb komplett neue Dinge erst gar nicht an, sondern verharren in ihrem „alten" Leben, weil es nun mal bequemer ist.

KAPITEL 4

Du aber bist gerade in einer unglaublich spannenden Phase Deines Lebens. Hast Du die Aufgabe des letzten Kapitels erledigt und Deine limitierenden Glaubenssätze aufgeschrieben?

Ich bin mir sicher, wenn Du sie wirklich erledigt hast, dann hat es Dich eine ganze Menge Energie und Kraft gekostet. Diese Dinge aufzuschreiben, kann einen sogar richtig traurig und nachdenklich machen, weil dabei vieles wieder hochkommt.

Wenn Du aber wirklich Deinen Traum leben willst, dann kannst Du hemmende Blockaden einfach nicht gebrauchen. Sie sind wie ein Virus auf der Festplatte eines Computers und behindern die Lebensqualität in jedem einzelnen Moment. Hemmende Blockaden schwingen in jedem Moment automatisch mit, und die Betroffenen merken es nicht, weil es sich ja mittlerweile „ganz normal" anfühlt.

Wir werden uns noch mit vielen wirklich heftigen und spannenden Themen auseinandersetzen, aber zuerst einmal gilt es, den überflüssigen Ballast von Deinen Schultern zu werfen.

Lass uns JETZT loslegen! Ich gebe Dir jetzt eine ganz konkrete Technik an die Hand, mit der Du gezielt an den Dingen, die Du im letzten Kapitel aufgeschrieben hast, arbeiten kannst. Du musst dafür wieder etwas aufschreiben.

KAPITEL 4

Deine Aufgabe für heute und die nächsten Wochen: Nimm Dir zuerst einmal einen einzigen Satz von Deinen persönlichen Problempunkten vor, die Du gestern notiert hast, und schreibe ihn als Überschrift auf ein Blatt Papier oder ein Textdokument auf Deinem Computer.

Jetzt hinterfrage ihn gründlich und schreibe die Antworten auf.

Hier sind die Fragen, die ich „Glaubenssatz-Zerstörer" nenne:

1. Was ist an diesem Glauben/dieser Einstellung absurd?
2. Von welchem Menschen habe ich diesen Glauben eventuell angenommen, und ist dieser Mensch mir in diesem Bereich ein Vorbild?
3. Welche Nachteile werde ich physisch/emotional/ geistig haben, wenn ich an diesem Glauben festhalte?
4. Welche Vorteile habe ich, wenn ich mich von diesem störenden Glaubensmuster befreie?
5. Wie fühlt es sich an, wenn ich mir vorstelle, ich hätte mich bereits von diesem störenden Gefühl befreit?

KAPITEL 4

6. Welche Nachteile habe ich finanziell oder in Bezug auf meine Mitmenschen, wenn ich an diesem Glauben festhalte?
7. Was kann ich konkret tun, um mich von diesem Glauben zu befreien?
8. Warum habe ich nicht vorher gehandelt?
9. Warum handle ich jetzt und werde erfolgreich sein?

Bitte beantworte all diese Fragen! Eine Runde zu jedem Problem. Nimm Dir für den ersten Tag nur ein einziges Problem vor und lass Dir ruhig Zeit dabei. Falls Du Dich fragst, welchen Sinn das hat, kann ich das gut verstehen und gehe gleich darauf ein:

Dein Unterbewusstsein ist viel, viel größer als das, was Du wirklich bewusst mitbekommst. Die Realität, so wie Du sie wahrnimmst, wird einzig durch die Filter gesteuert, die Dich ausschließlich genau das mitbekommen lassen, was von Deinem Unterbewusstsein „freigeschaltet" wird.

Beispielsweise fallen einem Polen viel eher andere Polen auf, wenn er durch die Stadt geht. Wenn Du ein blaues Auto fährst, wirst Du auf einmal sehr viele blaue Autos auf den Straßen entdecken, einfach weil Dein Fokus darauf gerichtet ist. Das ganze Leben wird durch Deinen Fokus bestimmt und die Dinge, auf die Du Dich bewusst und unbewusst konzentrierst.

Indem Du beginnst, mit gezielten Fragen Deine hemmenden Glaubensmuster zu überprüfen, unterbrichst Du sie für einen Moment und beginnst, in Deinem Gehirn neue Inhalte auf den alten Datenträgern abzuspeichern.

KAPITEL 4

Es kann sehr gut passieren, dass Du Dich nach dieser Übung etwas schlapp fühlst. Der Körper verbraucht viel Energie, wenn es um tiefe Veränderungen geht, und deshalb empfehle ich Dir, diese Übung einmal mit jedem Deiner Problempunkte durchzugehen. Einen pro Tag. Und falls Du nur einen pro Woche bearbeitest, dann ist auch das absolut lebensverändernd. Versprochen. Ich wünsche Dir von ganzem Herzen, dass Du es selbst einmal ausprobierst.

So sprengst Du Schritt für Schritt alle Ketten und lässt Dich nicht mehr von früheren Selbstzweifeln blockieren!

KAPITEL 4

Fazit aus diesem Kapitel:

Du bist in der Lage, jeden Glaubenssatz, der Dich bisher in Deinem Leben limitiert hat, wie z. B.: „Ich bin dafür nicht gut genug", oder: „So etwas können andere besser als ich", aufzulösen. Denn Du kannst nur ein großes Ziel erreichen, wenn Du innerlich daran glauben kannst. Der Glaube an etwas ist immer der erste große und essentielle Schritt, und ohne einen starken Glauben geht es nicht. Das wäre, wie mit einem Auto zu fahren, dessen Handbremse noch angezogen ist. Löse die Handbremse, indem Du Deine limitierenden Glaubenssätze auflöst!

Frage Dich, lieber Leser:

- Wenn ich keine limitierenden Glaubenssätze mehr hätte, wie viel leichter wären dann mein Leben und mein Weg zum Erfolg?
- Welchen limitierenden Glaubenssatz trage ich vielleicht schon mein ganzes Leben lang mit mir herum, den ich jetzt auflösen kann?

Was solltest Du vermeiden?

- Vermeide zu viel Kontakt zu Menschen, die Dir Deine negativen Glaubenssätze sagen, als wären sie Realität. Denke daran: Es gibt keine Realität, sondern nur Deine persönliche, subjektive Wahrnehmung. Wenn Du glaubst, dass Du ein toller und intelligenter Mensch bist, der viel erreichen kann, dann wird sich Deine Realität

KAPITEL 4

- auch so formen.
- Versuche nicht, zu viele Glaubenssätze auf einmal zu bearbeiten. Einer pro Tag ist schon eine sehr gute Leistung und wird Dein Leben enorm verändern können, wenn Du tatsächlich danach handelst.

Was führt zum Erfolg?

- Bringe Deine alten, limitierenden Glaubenssätze ins Wanken, indem Du sie gezielt hinterfragst. Verwende hierfür die Glaubenssatz-Zerstörer-Fragen aus diesem Kapitel!

Kapitel 5 – Neue, kraftvolle Glaubenssätze integrieren

„Sei Du selbst die Veränderung, die Du Dir wünschst für diese Welt." –
Mahatma Gandhi

Es war eine magische Grenze, die niemand überwinden konnte. Viele versuchten es, aber niemand glaubte wirklich, dass es überhaupt möglich wäre. Bis zum Jahr 1954 schaffte es weltweit kein Läufer, eine Meile in weniger als vier Minuten zu laufen.

Der Brite Roger Bannister hielt es als einer von wenigen Menschen für möglich. Am 6. Mai 1954 übertrug der Radiosender BBC um 18 Uhr live das Rennen, das Roger Bannister für immer weltberühmt machen sollte. Er war tatsächlich der erste Mensch, der es schaffte, eine Meile in weniger als vier Minuten zu laufen.

Lag es daran, dass er einfach besser trainiert war als all seine Konkurrenten? Vermutlich nicht, denn etwas Unglaubliches geschah:

Bereits sechs Wochen später schaffte es ein zweiter Läufer, die Vierminutenmarke zu knacken. Er war sogar schneller als Bannister. Im gleichen Jahr gelang über 20 weiteren Läufern diese Sensation. Der Bann war gebrochen. Der alte Glaubenssatz, dass es nicht möglich sei, eine Meile in weniger als vier Minuten zu laufen, war für immer aufgelöst.

KAPITEL 5

Menschen können unglaublich viel erreichen. Die Grundvoraussetzung ist aber immer: Sie müssen es zunächst für möglich halten! Erst dann erlaubt Ihnen das Nervensystem, zu Höchstleistungen aufzulaufen.

Wie wirklich ist die Wirklichkeit?

Stelle Dir bitte einmal das folgende Szenario vor:
Eine Mutter nimmt mit ihrem dreijährigen Kind an einer Wanderung teil. Auf einmal tritt das Kind aus Versehen auf eine Blindschleiche. Die Mutter verwechselt das Reptil mit einer gefährlichen Schlange, schreit sofort wie am Spieß, reißt das Kind an sich und nimmt es auf den Arm.

Ist die Wahrscheinlichkeit, dass dieses Kind für den Rest seines Lebens Angst vor Schlangen hat, mit diesem Erlebnis gestiegen? Selbstverständlich! Ein Kind ist völlig offen für diese Welt. Es schaut sich vieles von den Eltern ab. Und wenn die Eltern vor irgendetwas Angst haben und das Kind dabei zuschaut, wird es lernen, dass man vor dieser Sache Angst haben muss, in unserem Beispiel also vor dieser kleinen Echse, die in Wirklichkeit harmlos ist. Das kann ein dreijähriges Kind nun wirklich noch nicht wissen.

Wissenschaftler haben herausgefunden, dass wir uns ungefähr bis zu unserem sechsten Lebensjahr in einem sogenannten „Alpha-Zustand" befinden und extrem empfänglich für alle Suggestionen sind, die von außen auf uns einströmen.

KAPITEL 5

Ein Vater, der sein Kind mit den Worten „Du sollst nicht immer so schreien!" anbrüllt, bringt seinem Kind in Wirklichkeit das Schreien bei, obwohl er ein ganz anderes Ziel verfolgt. Kinder lernen durch Imitation. Und die Glaubenssätze eines kleinen Kindes lassen sich sehr leicht formen.

Die gute Nachricht ist, dass jeder Mensch in der Lage ist, seine Glaubenssätze auch wieder zu ändern. Solltest Du also besonders aggressive Eltern gehabt haben, so ist es nicht verwunderlich, wenn Du selbst ein gewisses Aggressionspotenzial in Dir trägst. Viele Menschen nehmen das Verhalten ihrer Eltern in der Kindheit als Ausrede für ihr eigenes Auftreten. Denn sie wissen nicht, dass es möglich ist, die eigenen Glaubenssätze aufzulösen und durch neue, kraftvolle zu ersetzen.

Die am stärksten wirkende Methode, um einen Glaubenssatz möglichst dauerhaft zu festigen, ist die folgende:

Wiederholung! Wiederholung, Wiederholung, Wiederholung!

Bleiben wir bei dem oben genannten Beispiel: Wenn ein Vater sein Kind einmal anschreit, dann ist es möglich, dass das Kind dieses Verhalten später als Vater ebenso zeigt. Hat ein Vater sein Kind allerdings jeden Tag, über Jahre hinweg angeschrien, dann hat er dem Kind ein sehr starkes Glaubensmuster eingeprägt, und es ist sogar sehr wahrscheinlich, dass das Kind dieses Verhalten später wiederholt. Doch keine Sorge, auch solch starke negative Glaubensmuster lassen sich auflösen.

KAPITEL 5

Nehmen wir einmal an, Du bist durch den Glaubenssatz geprägt: „Ich bin ein sehr unsicherer Mensch!"

Diesen limitierenden Glaubenssatz solltest Du zunächst mit den Fragen aus Kapitel 4 „angreifen". Eventuell ist es sogar möglich, ihn mit diesen Fragen in kürzester Zeit vollständig aufzulösen. Zusätzlich ist es jedoch äußerst wichtig, dass Du Deinem Gehirn einen neuen, kraftvollen Glaubenssatz zur Verfügung stellt.

Beispielsweise könnte der neue, kraftvolle Glaubenssatz lauten:

„Ich bin ein selbstsicherer Mensch!"
Wenn Du Dich jetzt vor den Spiegel stellst und sagst: „Ich bin ein selbstsicherer Mensch!", dann werden sich vermutlich Zweifel in Dir breitmachen, wie zum Beispiel:

– Was mache ich hier für einen Quatsch?
– Das ist eine Lüge, ich bin in Wirklichkeit sehr unsicher.
– Es ist ganz schön peinlich, vor dem Spiegel zu stehen und laut
  mit sich selbst zu reden. Das fühlt sich einfach komisch an.

Wenn Du Dir jetzt allerdings 20 Tage Zeit gibst und zweimal täglich Deine neue Affirmation vor dem Spiegel wiederholst (morgens nach dem Aufstehen und abends vor dem Schlafengehen), dann wirst Du feststellen, dass sich der neue Satz irgendwann plausibel für Dich anhört. Dein Unterbewusstsein wird

KAPITEL 5

beginnen, den neuen Satz zu glauben, wenn Du ihn konstant über eine längere Zeit hinweg zweimal täglich zu dir sagst. Ich weiß, das klingt ganz schön verrückt, und für viele Menschen, die das zum ersten Mal hören, ist es sogar unglaubwürdig. Aber in der Praxis funktioniert diese Methode unglaublich gut!

Wichtig ist, dass Du Deine neue Affirmation konsequent über einen Zeitraum von mindestens 28 Tagen zweimal täglich vor dem Spiegel aufsagst. Schaue Dich dabei an und konzentriere Dich, so gut es geht, auf Deine neue Affirmation.

Falls Du aktuell an der Wirksamkeit von Affirmationen zweifelst, dann ist das absolut in Ordnung. Tu Dir selbst nur einen Gefallen: Probiere eine einzige Affirmation einmal über einen vollen Monat aus und urteile erst danach. Das kostet Dich nur eine Minute täglich und kann Deine gesamte Art zu denken auf ein neues Level heben.

Darüber hinaus empfiehlt es sich, Deine positive Affirmation den ganzen Tag über zwischendurch bewusst zu denken. Du wirst feststellen, dass sich dieser neue Satz, der für Dich momentan vielleicht noch lustig klingt, irgendwann ganz natürlich und richtig anfühlt. Das ist die magische Kraft der Affirmation!

KAPITEL 5

Fazit aus diesem Kapitel:

Wenn Du an etwas nicht glaubst, wirst Du es auch nicht erreichen können, egal, wie sehr Du Dich anstrengst. Wenn Du es in Deinem tiefsten Inneren nicht für möglich hältst und Zweifel hast, dann bist Du blockiert und wirst niemals Deine volle Leistung abrufen können, sondern stets unter Deinen Möglichkeiten bleiben.

Um neue kraftvolle Glaubenssätze in Dein Denken zu integrieren, ist es ratsam, diese vier bis acht Wochen täglich morgens und abends vor dem Spiegel zu wiederholen. Anfangs fühlt es sich noch komisch an. Es dauert aber nur wenige Wochen, bis Du beginnst, an die neuen Glaubenssätze zu glauben, diesen Glauben in Dein Leben zu integrieren und erfolgreicher zu sein. Das ist wie Magie!

Frage Dich, lieber Leser:

- Welcher neue Glaubenssatz würde mir dabei helfen, mich glücklicher und erfolgreicher in meinem Leben zu fühlen?
- Ist es sinnvoll, wenn ich diesen neuen Glaubenssatz direkt neben meinen Spiegel hänge und täglich so oft wie möglich an ihn denke und ihn ausspreche, damit er ein Teil von mir wird?

KAPITEL 5

Was solltest Du vermeiden?

- Höre nicht auf Zweifler an dieser Methode (und davon gibt es viele), bevor Du sie nicht selbst einmal für wenigstens vier Wochen ausprobiert hast. Die Methode klingt total verrückt, und uns kommt es zuerst komisch vor, mit uns selbst vor dem Spiegel zu sprechen. Aber es funktioniert, und die Erfolge sind bahnbrechend!
- Bist Du abends unterwegs, lass Dich per Handy daran erinnern, dass Du Deine Affirmation(en) nicht vergisst. Die Regelmäßigkeit ist ein Schlüssel für wirksame Affirmationen.

Was führt zum Erfolg?

- Verwende immer nur maximal drei Affirmationen und konzentriere Dich vor dem Spiegel vollständig darauf. Versuche, die Affirmationen dabei auch in Bildern zu sehen und zu fühlen. Dies gelingt, wie schon erwähnt, am Anfang meist gar nicht und auch später nicht immer. Doch Du wirst stetige Fortschritte bemerken, wenn Du konsequent und beharrlich bleibst!

Teil 2

Visionen, Träume und Ziele

„Die Kunst des Lebens liegt darin, den Mut zu haben, Deinem Traum zu folgen." –
Constanze Hoffmann

KAPITEL 6

Kapitel 6 – Wie Du die richtige Energie entwickelst, um Ziele zu setzen

„Sobald der Geist auf ein Ziel gerichtet ist, kommt ihm vieles entgegen." – Johann Wolfgang von Goethe

Stelle Dir vor, Du steigst in Dein Auto, steckst den Schlüssel in das Zündschloss, drehst ihn um, sodass der Motor anspringt, und fährst los. Du bist ganz entspannt und hast kein festes Ziel. Für Dich ist das einzig Wichtige, dass Du während der Fahrt möglichst glücklich bist und Dich gut fühlst.

Irgendwann während dieser Fahrt stellst Du vielleicht fest, dass Du an einem Ort angekommen bist, der Dir nicht gefällt. Du fährst also weiter und schaust, was als Nächstes passiert. Eines schönen Tages bekommst Du eine Landkarte in die Hand und liest auf einmal, dass Du in den letzten Jahren zwar einen bestimmten Weg gefahren bist, der Dich dorthin geführt hat, wo Du heute bist, aber es hätte auch deutlich schönere Wege gegeben, die Dich zu einem schöneren Ziel gebracht hätten.

Was wäre geschehen, wenn Du, anstatt einfach mal loszufahren, ganz gezielt eine bestimmte Route ausgewählt hättest, die Deinen Vorlieben entspricht? Die meisten Menschen lassen ihr Leben vom Zufall bestimmen. Und wenn sie irgendwann an einem Ort angekommen sind, an dem es ihnen nicht gefällt, dann war das Schicksal daran schuld. Oder der Zufall. Oder der Staat. Oder irgendwelche anderen Menschen.

KAPITEL 6

Die meisten Menschen glauben, sie hätten so etwas wie glasklare Ziele für ihr Leben. Aber das stimmt nicht. Es ist kein glasklares Ziel zu sagen:

-Ich möchte glücklich sein!
-Ich möchte reich sein!
-Ich möchte gesund sein!

Das sind natürlich alles wünschenswerte Zustände, die sich jeder normale Mensch herbeisehnt. Doch im zweiten Teil dieses Buches wirst Du glasklare Ziele für Dein Leben entwickeln, die Dich so stark motivieren, dass es in jeder Faser Deines Körpers kribbelt, wenn Du nur an sie denkst.

Viele Menschen wagen es nicht, sich neue Ziele für ihr Leben zu setzen, weil ihr Leben mittlerweile in festen Bahnen organisiert ist. Die Hausfrau mit zwei Kindern und einem straff organisierten Alltag hat schließlich schon ein „volles" Leben. „Wozu braucht man da noch Ziele? Dafür hat man doch sowieso keine Zeit mehr?!"

Hole Dir die Macht über Dein Leben zurück!

Bitte prüfe den folgenden Gedanken:Du hast Dein Leben, so wie es jetzt ist, frei gewählt. Mit allen guten und schlechten Entscheidungen, die Du bisher in deinem Leben getroffen hast, hast Du darüber entschieden, wie Deine Lebensqualität heute ist. Das klingt vielleicht im ersten Moment etwas hart für Dich, vor allem wenn Du mit deiner aktuellen Lebenssituation nicht zufrieden sein solltest.

KAPITEL 6

Aber Fakt ist: Nur wenn Du Dir bewusst machst, dass Du Dein Leben, so wie es jetzt ist, frei gewählt hast, hast Du auch die Macht, es wieder abzuwählen und neue Entscheidungen zu treffen. Macht über Dein Leben kannst Du nur erlangen, wenn Du die volle Verantwortung übernimmst.

Schaue Dich um:

- Lebst Du an einem Ort, an dem Du Dich wirklich wohlfühlst?
- Hast Du einen Lebenspartner den Du wirklich liebst? Und mit dem Du wirklich glücklich bist?
- Übst Du Hobbys aus, die dir wirklich Spaß machen?
- Bist Du beruflich in Deinem Traumjob gelandet?

Falls Du eine, mehrere oder sogar alle diese Fragen mit Nein beantwortet hast, so ist das überhaupt kein Problem. Denn Du bist kurz davor, Dir über Deine wahren Träume immer klarer zu werden.

Wenn es eine Person gibt, die darüber entscheiden kann, was Du in Deinem Leben tust, erlebst und denkst, dann bist Du das. Nicht Dein Chef! Nicht Deine Arbeitskollegen! Nicht Deine Eltern! Nicht Deine Ehefrau/Dein Ehemann! Niemand auf der Welt hat irgendeine Macht über Dich! Du kannst frei entscheiden! Die meisten Menschen, die in Freiheit leben, haben sich ein Gedankengefängnis aufgebaut, das dafür sorgt, dass sie Tag für Tag und Jahr für Jahr die gleichen Dinge tun, zu denen sie eigentlich überhaupt keine Lust mehr haben, und trotzdem ändern sie daran nichts.

KAPITEL 6

Weil sie nicht wissen wie. Der allererste Schritt, den Du machen musst, wenn Du Dir aufregende Ziele für Dein Leben setzen willst, ist allerdings nicht, Dich mit einem Stift vor ein leeres Blatt Papier zu setzen und einfach draufloszuschreiben. Vielmehr musst Du erst einmal in den richtigen emotionalen Zustand gelangen, der notwendig ist, um an Deine wahren Ziele heranzukommen. Und glaube mir: Deine wahren Ziele schlummern schon seit Ewigkeiten in Dir, Du hast sie wahrscheinlich nur noch nicht entdeckt.

Ortswechsel, um Ziele zu setzen

Nicole und Sven, zwei Freunde von mir, streiten sich regelmäßig. Das ist nicht weiter schlimm. Streit kommt in den besten Beziehungen vor, und wer etwas anderes behauptet, hat vermutlich noch keine intensive Beziehung geführt. Aber neulich übertrieben es die beiden dann doch. Auf einer Party stritten sie sich so heftig, dass man es in den Nebenräumen hören konnte. Ich ging zu ihnen und fragte: „Hey, was ist los, Leute?" Und die beiden schauten mich verwirrt an. Beide hatten Tränen in den Augen und wirkten verzweifelt.

„Danny, was sollen wir machen? Wir lieben uns, aber wir streiten uns viel zu heftig!"

Ich wusste, dass es eine ganz wichtige Sache gab, die die beiden jetzt unbedingt als Erstes tun mussten, und sagte:

„Verlasst jetzt erst mal diesen Raum, in dem Ihr gestritten habt, und macht einen Spaziergang an der frischen Luft. Dann kommt Ihr auf andere Gedanken,

KAPITEL 6

und während Ihr so geht, werdet Ihr andere Gespräche miteinander führen als hier. Vertraut mir. Zieht jetzt bitte Eure Jacken und Schuhe an und macht Euch auf den Weg."

Andere Orte bringen andere Gedanken hervor! Wenn Du über ein Problem nachgrübelst und an einer bestimmten Stelle nicht weiterkommst, dann ist ein Ortswechsel das Klügste, was Du in solch einem Moment tun kannst. Gehe in den Wald, an einen See, ans Meer oder von mir aus einfach nur eine Runde um den Block. Und Du wirst Dein Problem aus einem neuen Blickwinkel betrachten und anders darüber denken.

Du streitest Dich mit einem anderen Menschen? Spaziert gemeinsam um einen See herum und redet dort weiter, und Du wirst wahre Wunder erleben. Die Gespräche erreichen eine ganz andere Ebene, und während Ihr Euch beim Spazierengehen bewegt, findet Ihr Lösungen, an die Ihr sonst gar nicht gedacht hättet.

Sei so frei wie möglich, wenn Du Dir über Deine wahren Träume klar werden willst!

Ganz egal, wie gerne Du in Deiner Wohnung bzw. in Deinem Haus lebst, dort wirst Du einige eingefahrene Denk- und Verhaltensmuster entwickelt haben. Das ist ganz normal. Damit Du aber beim Zielsetzungsprozess frei von diesen Denk- und Verhaltensmustern bist, ist es wichtig, dass Du Dich an einem neutralen und möglichst schönen Ort aufhältst, der es Dir erlaubt, frei zu denken.

KAPITEL 6

Ich zum Beispiel fliege jedes Jahr für insgesamt sieben Tage an einen neuen Ort, um mir ganz in Ruhe über meine Ziele für das nächste Jahr klar zu werden. Der Gedanke, dass man an einem anderen Ort freier denken kann, erscheint vielleicht logisch, so richtig klar wird mir das aber immer erst, wenn ich auch tatsächlich an diesem anderen Ort angekommen bin und die neue Energie spüre.

Falls Du aktuell in Deinem Leben in einer Partnerschaft bist und alles etwas kompliziert erscheint, dann möchte ich Dir unbedingt empfehlen, wenn möglich, ein paar Tage alleine zu verbringen, um einen klaren Kopf zu bekommen und Dich ganz in Ruhe deinen Zielen zu widmen. Sollte das nicht möglich sein, dann probiere es zumindest für einen Tag. Je besser Du Dich fühlst und je freier Du in Deinem Kopf bist, desto leichter wird es dir fallen, Deine wahren Träume aus Deinem Unterbewusstsein herauszukitzeln!

Es muss ja nicht unbedingt eine Reise in den Süden sein, es reicht auch schon aus, wenn Du Dich mit Deinem Laptop oder einem leeren Notizbuch alleine in ein Café verziehst und Dir einfach Zeit für Dich nimmst. Schalte bitte währenddessen unbedingt Dein Handy aus und lass Dich von nichts und niemandem auf dieser Welt stören. Wenn Du die folgenden Kapitel richtig durcharbeitest, wird Dein Leben danach nie wieder so sein wie zuvor. Denn jetzt geht es ans Eingemachte. Du wirst Dir nach einem ausgeklügelten System Ziele aufschreiben, die sich so fest in Dein Unterbewusstsein einbrennen, dass Du gar nicht anders kannst, als alles zu tun, um sie zu erreichen!

KAPITEL 6

Fazit aus diesem Kapitel:

Wenn Du in einem bestimmten Raum immer nur Fernsehen geschaut oder Dich gelangweilt hast, dann ist dieser Raum weniger geeignet, Dir dort kraftvolle und anspornende Ziele zu setzen! Gehe lieber an einen neuen Ort, mit dem Du keine oder nur wenige Assoziationen verknüpfst, denn Du wirst dort unbefangener und freier denken können. Probiere es aus!

Frage Dich, lieber Leser:

- Habe ich schon einmal eine Liebesbeziehung oder Freundschaft erlebt, in der wir uns immer am gleichen Ort bzw. an der gleichen Stelle gestritten haben?
- An welchen Orten konnte ich mich in meinem Leben immer am besten konzentrieren? Wo war ich am produktivsten? Wo fühle ich mich wirklich frei, meine Gedanken schweifen zu lassen?

Was solltest Du vermeiden?

- Vermeide die „Logikfalle", die Dir sagt, dass Du Dir Deine Ziele jetzt auch genauso gut zu Hause im Wohnzimmer vor dem Fernseher setzen kannst, weil es gerade so bequem ist und gefühlt in dieser Sekunde keinen Unterschied macht. Menschen sind keine rationalen Wesen, und ein anderer Ort verändert sofort Deine Gefühle, Gedanken und Deine Standpunkte zu verschiedenen Themen!

KAPITEL 6

- Als Familienvater weiß ich, wie es ist, wenn Kinder um einen herumturnen, während man versucht, etwas halbwegs Kluges aufzuschreiben. Das ist möglich, aber das Denken wird enorm erschwert. Du wirst mit sehr großer Wahrscheinlichkeit bessere Ergebnisse erhalten, wenn Du Dich für eine Weile ganz alleine zurückziehst.

Was führt zum Erfolg?

- Die allerbesten und anregendsten Zielsetzungsprozesse sind an bisher unbekannten oder besonders inspirierenden Orten möglich. So setzte ich meine Jahresziele für das Jahr 2014 z. B. auf Lobos, einer kleinen naturgeschützten Insel vor Fuerteventura. Dort saß ich in einer kleinen einsamen Bucht und schrieb vier Stunden lang ohne Pause. Ich muss leider auch zugeben, dass ich mir dabei den Sonnenbrand meines Lebens holte!
- Das Wichtigste ist, dass Du Dich wohlfühlst. Sollte es Dir aktuell überhaupt nicht möglich sein, den Ort zu wechseln, dann ist es natürlich immer noch besser, Du setzt Dir Ziele an einem weniger inspirierenden Ort als gar nicht! Dennoch solltest Du unbedingt darüber nachdenken, welcher Ort für Dich am besten geeignet wäre, Dich mit Deiner Zukunft zu beschäftigen!

KAPITEL 7

Kapitel 7 – Träume wie ein kleines Kind!

„Manche Menschen sehen die Dinge, wie sie sind, und fragen: ‚Warum?' Ich wage, von Dingen zu träumen, die es niemals gab, und frage: ‚Warum nicht?'" – Robert Browning

Alle Menschen haben Träume! Sie existieren unabhängig davon, ob Du Dir ihrer bewusst bist oder nicht. Als Kind hast Du noch ganz offen geträumt. Jeden einzelnen Tag. Du hast allen Menschen von Deinen Träumen erzählt und hast Dich keinesfalls dafür geschämt oder darüber nachgedacht, ob Du sie erreichen kannst oder nicht. Kinder sind nicht realistisch, was ihre Träume angeht. Kinder haben eine sehr gesunde Einstellung, wenn es darum geht, sich eine rosige Zukunft auszumalen.

Schreibt oder malt ein Kind seinen Wunschzettel für Weihnachten oder seinen Geburtstag, dann ist es dabei nicht realistisch. Es bedenkt nicht die negativen Folgen, die sich aus der Zielerreichung ergeben könnten. Es hat die tollsten, bekanntesten und schönsten Vorstellungen davon, wie sein zukünftiges Leben verlaufen wird.

Im Laufe seines Lebens erfährt jedes Kind Grenzen, die notwendig sind, um in dieser Gesellschaft zu funktionieren. Das hat Vor- und Nachteile. Der große Nachteil ist, dass die meisten Heranwachsenden an irgendeinem Punkt in ihrem Leben ihre Träume in Zweifel ziehen.

KAPITEL 7

Im schlimmsten Fall bekommen sie von frustrierten Erwachsenen zu hören, dass Träume gleich Schäume sind und man bloß aufpassen soll, was man sich wünscht. Denn man könnte frustriert werden, wenn man seine Wunschvorstellung nicht erreichen sollte.

Vielleicht träumt ein Kind mit sieben Jahren davon:
- Kinderarzt zu werden,
- ein großes Haus im Grünen zu haben,
- ein großes rotes Feuerwehrauto zu fahren (und manchmal darin zu wohnen) …

Sind diese Träume realistisch bzw. erreichbar? Eventuell ja. Aber sind sie vernünftig? Vermutlich nicht. Mit etwa 14 Jahren sehen die Träume schon ganz anders aus. Je nachdem, wie Eltern, Lehrer und Freunde auf das Kind eingewirkt haben, wird es nun die eigenen Träume an seine Umgebung angepasst haben.

Es gibt wenige Eltern, die ihre Kinder in ihren Träumen bestärken. Die große Mehrheit der Eltern hält hier lieber mal den Ball flach. Schließlich soll das Kind später nicht enttäuscht sein, wenn es mit der harten Realität konfrontiert wird. Beispielsweise bringen die meisten Eltern ihren Kindern bei, dass es nicht besonders erstrebenswert ist, finanziell reich zu sein. In vielen Elternhäusern wird sogar gelehrt, dass Geld etwas Negatives ist, mit dem überall auf der Welt schlechte Dinge gekauft werden, wie z. B. Waffen. Übliche Redensarten sind hier:

KAPITEL 7

- Geld ist die Wurzel allen Übels.
- Man muss sich im Leben zwischen Geld und Liebe entscheiden.
- Geld verdirbt den Charakter.

Betrachten wir diese Aussagen ganz vorurteilsfrei, müssen wir feststellen, dass sie vollkommen falsch sind. Geld kann für gute und schlechte Dinge eingesetzt werden. Geld ist neutral. Man kann damit eine Waffe kaufen, um jemanden umzubringen, oder auch einen Laib Brot, um jemanden am Leben zu erhalten.

Es ist wie ein Messer. Du kannst mit einem Messer jemanden abstechen oder auch feierlich eine Hochzeitstorte anschneiden. Ist das Messer daran schuld, wofür es eingesetzt wird? Natürlich nicht! Und genauso ist es auch mit dem Geld. Aber wenn wir in unserem Elternhaus einmal die falschen Dinge aufgeschnappt haben, müssen wir diese falsche Programmierung erst einmal wieder aus unserem Kopf löschen und durch eine neue, bessere ersetzen.

Wie Du lernst, wieder wie ein Kind zu träumen

Wenn Du jetzt gleich Ziele für Dein weiteres Leben selbst formulierst, dann ist es äußerst wichtig, dass Du diese Ziele emotional stark auflädst. Dies geht aber nur bei echten Zielen, die aus Deinem Herzen kommen. Falls es schon immer der Wunsch Deines Vaters oder Deiner Mutter war, dass Du Herzchirurg wirst, und Du diesen Beruf zwar ganz nett findest, aber im Grunde deines Herzens lieber Balletttänzer wärst, dann wirst Du Dich niemals richtig dazu motivieren können, Herzchirurg zu sein.

KAPITEL 7

Wir Menschen sind unglaublich anpassungsfähig und können uns mit allen möglichen Umständen arrangieren. Die meisten Menschen arbeiten ihr ganzes Leben in einem Beruf, den sie gar nicht von Herzen lieben, ja schlimmer noch: Sie hassen ihren Job. Sie hassen ihren Chef. Sie hassen den Weg zu ihrer Arbeit. Und trotzdem arbeiten sie dort weiterhin, weil sie nun mal fest daran glauben, dass diese ungeliebte Mühe nötig ist, um sich über Wasser zu halten.

Und auf den ersten Blick sind diese Gedanken auch absolut verständlich. Jeder muss schließlich Geld für Unterkunft, Nahrung und vieles Weitere aufbringen, um ein würdiges Leben zu führen. Das ist Fakt. Aber Tatsache ist auch, dass unsere heutige westliche Gesellschaft unglaublich viele Möglichkeiten bietet, auch was unseren Beruf angeht.

Vielleicht ist es Dein tiefster innerer Traum, Surflehrer an der spanischen Mittelmeerküste zu sein und Dich jeden Tag in die Fluten zu stürzen und anderen Menschen dabei zu helfen, dies ebenfalls zu können. Falls das so ist, dann solltest Du nicht in einem Büro in der Buchhaltung arbeiten. Umgekehrt gilt natürlich genau das Gleiche.

Die meisten Menschen, die sich an irgendeinem Punkt ihres Lebens in einem frustrierten oder festgefahrenen Zustand befinden, glauben, es gäbe keinen Ausweg. Sie finden sich mit ihrer Situation ab und beginnen zu konsumieren.

KAPITEL 1

Sie schauen täglich mehrere Stunden fern, buchen ein- bis zweimal pro Jahr einen Urlaub und freuen sich bereits Anfang der Woche schon wieder aufs Wochenende, wenn sie sich endlich von der harten Arbeitswoche erholen können.

Im ersten Kapitel dieses Buches habe ich Dir meine Ziele vorgestellt, die ich mir im Jahr 2006 gesetzt hatte. Damals waren diese Ziele so weit von meinem Leben entfernt, dass es all meinen Freunden vollkommen absurd erschien, dass jemand wie ich solch hohe Ziele hatte. „Du kannst froh sein, wenn Dich eines Tages überhaupt jemand einstellt!", sagte damals ein guter Freund zu mir. Viele empfahlen mir, endlich mal realistisch zu sein und einzusehen, dass es Grenzen im Leben gibt.

Zur Erinnerung, passend zu diesem Kapitel, hier noch einmal meine Ziele von damals:

- schlank und trainiert zu sein und regelmäßig Sport zu treiben;
- als Erfolgscoach zu arbeiten und eigene Unternehmen aufzubauen;
- meine Traumfrau zu finden und Vater zu werden;
- Nichtraucher zu sein und gesund zu leben;
- einen Porsche mit mehr als 400 PS zu besitzen und in einer Villa mit Garten zu leben;
- einen guten Teil des Jahres unter spanischer Sonne zu verbringen;
- mit meinen Unternehmen Millionen zu verdienen;

KAPITEL 7

- so vielen Menschen wie möglich dabei zu helfen, ihre eigenen Träume zu entdecken und ihre Ziele zu erreichen!

Ende 2013 hatte ich alle diese Ziele erreicht. Mit den meisten Menschen aus dem Jahr 2006 hatte ich zwar keinen Kontakt mehr, aber hin und wieder, wenn ich in meiner schwarzen Luxuslimousine, einem Porsche Panamera durch meinen Heimatort fuhr, begegnete ich mal jemandem von damals.

Die meisten von ihnen äußerten sich in etwa so: „Da hast Du aber Glück gehabt! So etwas hätte ich Dir damals gar nicht zugetraut!" Nach Ansicht dieser Menschen hatte ich also einfach nur Glück gehabt.

Aber jeder, der bisher aufgepasst hat, weiß, dass es in Wahrheit nur das Ergebnis einer richtigen Zielsetzung war!

Bitte Papier und Stift herausholen und träumen

Jetzt geht's ans Eingemachte. Um die folgende Aufgabe zu bewältigen, brauchst Du mehrere Blätter Papier. Empfehlenswert ist ein schönes leeres Notizbuch, in das Du alles hineinschreibst. Einige lose Blätter Papier genügen aber auch. Bevor wir uns im nächsten Kapitel daranmachen, ganz konkrete Ziele für Dich und Dein nächstes Jahr aufzuschreiben, müssen wir zunächst einmal herausfinden, welche Ziele sich momentan in Deinem Herzen tummeln.

KAPITEL 7

Daher möchte ich Dich gleich bitten, mindestens 15 Minuten am Stück ohne Unterbrechung zu schreiben. Und vor allem auch ohne Grenzen.

Die Überschrift der ersten Seite lautet:

„Wenn ich alles haben und sein könnte, was ich im Leben will, und es keinerlei Grenzen gäbe, was wäre das?"

Bitte sei auf keinen Fall realistisch. Bitte denke nicht daran, was Dich an irgendeinem Traum oder Wunsch hindern könnte. Bitte überlege Dir nicht, wie lange es dauern würde, bis ein bestimmter Traum verwirklicht ist. Keine Limits, keine Grenzen. Einfach nur pure Fantasie und Träumerei! Ich möchte, dass Du gleich träumst, wie Du es bereits als kleines Kind getan hast.

Falls Du möchtest, lass dabei im Hintergrund inspirierende Musik laufen. Vielleicht möchtest Du für diese Übung auch an einen speziellen Ort fahren, an dem Du Dich ganz besonders gut entspannen kannst. Lass Dich auf keinen Fall von irgendjemandem unterbrechen. Schalte bitte Dein Handy aus und sorge dafür, dass Du nicht gestört wirst. Solltest Du länger als 15 Minuten schreiben wollen, so ist das natürlich möglich. Setze den Stift allerdings bitte an keiner einzigen Stelle ab. Falls Du zwischendurch mal nicht weißt, was Du schreiben sollst, dann notiere Dir, dass Du den Stift nicht absetzen sollst. Er muss die gesamte Zeit der Übung in Bewegung sein, denn es geht darum, an Teile Deines Unterbewusstseins heranzukommen und deine wahren Wünsche und Träume herauszufinden.

KAPITEL 7

Mache diese Übung bitte unbedingt, bevor Du mit dem nächsten Kapitel fortfährst. Es kann die wichtigste Viertelstunde in Deinem gesamten Leben sein! Beginne JETZT!

KAPITEL 7

Fazit aus diesem Kapitel:

Wer sich konkrete Ziele setzen will, sollte zunächst grenzenlos träumen, um herauszufinden, was er WIRKLICH will. In unserer Kindheit und im späteren Verlauf des Lebens haben wir eventuell viele Zweifel an uns selbst bekommen und glauben nicht mehr uneingeschränkt daran, dass wir dazu berufen sind, besonders große und schöne Ziele zu erreichen. Deshalb ist Deine konkrete Aufgabe, mindestens 15 Minuten am Stück ohne Unterbrechung zu schreiben, um herauszufinden, was Du alles haben und sein willst. Erlaube Dir, uneingeschränkt und hemmungslos zu träumen!

Frage Dich, lieber Leser:

- Gibt es vielleicht Träume, die ich mir bisher in meinem Leben nicht zu träumen erlaubt habe, weil sie mir – mit meinen jetzigen Fähigkeiten – einfach zu unrealistisch erschienen?
- Haben mir vielleicht Eltern, Lehrer, Freunde oder jemand anderes Träume ausgeredet, weil sie nichts davon hielten, und ich habe diese dann aus Vernunftgründen aufgegeben?

KAPITEL 7

Was solltest Du vermeiden?

- Schiebe diese Aufgabe nicht ewig auf, denn sie kostet Dich nur 15 Minuten.
- Lass niemanden dabei zuschauen, wenn Du Deine Träume aufschreibst, denn Du sollst dabei bitte zu 100 % unbefangen sein. Bei Workshops setze ich Paare und Freunde für diese Übung immer auseinander, damit sie wirklich frei denken und schreiben können.

Was führt zum Erfolg?

- Das Wesentliche dieser Aufgabe liegt darin, nicht analytisch abzuwägen oder zu zweifeln, sondern hemmungslos zu sein!

KAPITEL 8

Kapitel 8 – Jetzt wird es konkret

„Die größere Gefahr besteht nicht darin, dass wir uns zu hohe Ziele setzen und sie nicht erreichen, sondern darin, dass wir uns zu niedrige Ziele setzen und sie erreichen." – Michelangelo

Die meisten Menschen überschätzen, was sie in einem Jahr erreichen können. Aber sie unterschätzen, was sie in einem Jahrzehnt erreichen können. Innerhalb eines Jahrzehnts kannst Du buchstäblich alles in Deinem Leben so anpassen, dass Du das Leben Deiner Träume lebst.

In einem Jahr solltest Du keine 30 Ziele haben, die Du zu erreichen versuchst. Ich spreche hier aus eigener leidvoller Erfahrung. Das sind einfach zu viele Ziele, und ehe man sichs versieht, hat man sich verzettelt und erreicht viel weniger, als wenn man sich auf wenige konkrete Ziele konzentriert hätte.

Im vorherigen Kapitel hast Du Deine Träume aufgeschrieben und dabei hoffentlich so richtig auf den Putz gehauen?! Dass es Deine wahren Träume sind, erkennst Du vor allem daran, dass Du sie FÜHLST. Wenn Du Dir vorstellst, dass diese Träume bereits jetzt Realität wären, und Dich mit Deinem geistigen Auge in die Situation hineinversetzt, dann sollte sich das für Dich aufregend und gut anfühlen. Dann sind es Deine wahren Träume.

KAPITEL 8

Wo sind die Grenzen dessen, was überhaupt machbar ist?

Hier muss ich als Coach vorsichtig sein. Einerseits ist klar, dass ein 1,50 Meter großer Mann vermutlich kein Basketballstar werden wird oder ein 92-jähriger Mann, der im Rollstuhl sitzt, vermutlich nicht mehr als bester Astronaut des Jahrhunderts ausgezeichnet werden kann, wenn er bis dato noch nie im Weltraum war.

Andererseits unterschätzen sich die meisten Menschen im Allgemeinen sehr stark. Sie verstehen auf der analytischen Ebene sofort, wenn ich ihnen sage, dass sie viel mehr erreichen können, als sie glauben. Aber diese Wahrheit muss auch in Deinen tiefsten Wesenskern vordringen. Du musst mit jeder einzelnen Faser Deines Körpers spüren, dass Du zu mehr in der Lage bist, als Du es Dir jemals hättest vorstellen können.

Die wenigsten Eltern offenbaren ihren Kindern, welche großartigen Möglichkeiten wir alle in unserem Leben haben. Meine Mutter meinte es gut mit mir und versuchte, mich vor vielem zu schützen, damit ich im Leben nicht zu sehr verletzt werde. Mütter lieben ihre Kinder. Dabei passiert es aber sehr oft, dass die Kinder im Leben viel zu vorsichtig agieren und weit unter ihren Möglichkeiten bleiben.

Die wenigsten Lehrer gehen heutzutage voll motiviert und fröhlich zum Unterricht und glauben fest daran, dass ihre Schüler fähig sind, ein großartiges Leben zu führen, indem sie ihre Träume zur Realität werden lassen. Ein Lehrer

KAPITEL 8

kann dies seinen Schülern auch nur dann glaubhaft vermitteln, wenn er es ihnen vorlebt.

Die Grenzen des Machbaren sind meistens viel leichter zu überspringen und zu knacken, als Du bisher geglaubt hast. Darum möchte ich Dich ermutigen, gleich bei Deiner konkreten Einjahreszielsetzung mutig zu sein.

Menschen, die emotional in Armut leben, sind oft arm an Mut.
Arm an Mut = Armut!

Und damit meine ich nicht die finanzielle Lage eines Menschen. Geld kann ein fantastisches Hilfsmittel und eine Unterstützung für Menschen sein, um aus ihrem Dasein ein noch besseres Leben zu machen. Aber erst, wenn zunächst alle anderen wichtigen Dinge stimmen.

Wer in seinem eigenen Herzen zu wenig Liebe hat und unzufrieden mit seinem Leben ist, dem wird Geld nur ganz kurzfristig ein paar Glücksgefühle verschaffen, die schnell in Ernüchterung und Frustration enden werden. Geld kann immer nur ein „schöner Bonus" zu einem sowieso erfüllten Leben sein und kein Weg, der Dein Leben glücklich macht, wenn andere Bereiche nicht stimmen.

Wissenschaftler haben herausgefunden, dass ab einem Betrag von etwa 5.000 Euro monatlich das gefühlte Glücksempfinden exakt gleich bleibt.

KAPITEL 8

Sie führten dies auf die Tatsache zurück, dass sich die meisten Menschen ab diesem Betrag finanziell sicher fühlen:

1. Alle Grundbedürfnisse wie essen, schlafen etc. sind befriedigt.
2. Die Menschen haben die Gewissheit, dass ihnen so schnell nichts passieren kann.

Solche Studien können allerdings nie auf jeden einzelnen Menschen übertragen werden. Ich kenne einen Mann, der mit seiner Familie in Alicante/Spanien lebt und mit nur 500 Euro monatlich ein erfülltes und glückliches Leben führt. Er und seine Lieben bauen ihr Obst und Gemüse selbst an und haben sich ein Leben eingerichtet, das für die meisten modernen Menschen sicherlich kein Traum wäre.

Aber es war SEIN Traum und der Traum seiner Familie, so zu leben, und sie zählen zu den glücklichsten Menschen, die ich kenne, weil sie einfach „ihr Ding" gemacht haben.

Das ist alles, worum es geht! Es ist vollkommen egal, was deine Eltern, Freunde, Vorgesetzten, Arbeitskollegen, Verwandten oder irgendwer sonst davon hält, was Du in Deinem Leben erreichen willst. Wichtig ist nur, dass es DIR gefällt und Du niemandem damit schadest!

KAPITEL 8

Es darf ruhig ein völlig anderer Weg sein, als ihn all Deine Vorfahren gegangen sind. Es geht nur darum, glücklich zu sein und etwas zu tun, was Dein Herz regelmäßig in Wallung bringt.

Dein Leben wird ab jetzt nie wieder das gleiche sein!

Gleich wirst Du maximal vier Ziele für die nächsten zwölf Monate definieren. Auf keinen Fall mehr! Wichtig ist, dass Du jederzeit deine genau definierten Ziele exakt im Kopf hast und Dich nicht darin verhedderst.

Während ich diese Zeilen im Frühjahr 2017 schreibe, habe ich exakt drei sehr konkrete Ziele für dieses Jahr definiert. Dazu bin ich im letzten Dezember für eine Woche nach Ägypten geflogen, im Gepäck ein leeres edles Din-A4-Notizbuch und einen Stift. Damit habe ich mich am Strand unter eine Palme gesetzt und tief in mich hineingehört und dann exakt das System angewandt, das Du hier kennenlernst.

„Und dabei sind nur drei Ziele herausgekommen?", fragst Du Dich jetzt vielleicht. Nein, dabei sind extrem viele gute Ideen und auch Ziele herausgekommen, die ich erst einmal für mich sortieren musste.

Die richtigen Fragen hierbei sind:

1. Was aus Deiner Liste der Träume, die Du eben erstellt hast, ist für DICH in den nächsten zwölf Monaten am wichtigsten?

KAPITEL 8

2. Welche Ziele fühlen sich für Dich so unglaublich motivierend an, dass Du sie am liebsten sofort verwirklichen willst?
3. Welche Ziele sind vielleicht auch ein notwendiges Übel auf dem Weg zu einem höheren Ziel? (Dazu zählen Ausbildungen, Zertifikate etc., die vielen Menschen keinen großen Spaß machen, aber notwendig sind, um in einem bestimmten Beruf arbeiten zu können.)
4. Welche Deiner Träume findest Du zwar toll, kannst sie aber erst einmal in Deiner Lebensplanung nach hinten schieben, weil die anderen jetzt wichtiger sind?

Denke bitte daran: Maximal vier Ziele. Aber achte darauf, dass unbedingt auch ein Ziel dabei ist, das Dein Herz höher schlagen lässt, wenn Du daran denkst, es erreicht zu haben. Denn nur wenn Dich ein Ziel emotional packt, wirst Du Dich auch wirklich dazu motivieren können, es zu erreichen.

In einem Radiointerview fragte mich der Reporter neulich: „Danny, Du weißt doch, wie man sich für alles Mögliche im Leben motiviert. Wie kann ich mich denn am besten dazu motivieren, meine Steuererklärung zu machen?"

Er erwartete, dass ich ihm einen konkreten Trick verrate, wie er jetzt gleich seine Steuererklärung voller Freude ausfüllen kann. Ich sagte zu ihm: „Nun, ich weiß es auch nicht, denn ich kann mich selbst nicht dazu motivieren, meine Steuererklärung zu machen, deshalb habe ich einen Steuerberater engagiert.

KAPITEL 8

Der kann es viel besser als ich, hat auch mehr Spaß daran und spart mir jedes Jahr Geld ein, weil er viel mehr gute Tricks kennt als ich!"

Ich empfahl dem Radioreporter also nicht, irgendeinen Weg für etwas zu finden, was ihm total lästig ist, und zu lernen, sich dafür zu begeistern. Denn das würde sowieso nicht klappen (solange er damit kein höheres Ziel verfolgt). Ich empfahl ihm in diesem Fall vielmehr, den einfachen Weg zu gehen, d. h. die leidige Aufgabe abzugeben und sich stattdessen auf etwas anderes zu konzentrieren und seine Zeit darauf zu verwenden, was ihm wirklich Spaß macht und worin er „aufgehen" kann.

Deine klare Aufgabe:

Nimm die Liste Deiner Träume, die Du im letzten Kapitel erstellt hast, in die Hand und verwende sie als Grundlage für die folgende Aufgabe: Schreibe Dir daraus zwei bis vier konkrete Jahresziele für die nächsten zwölf Monate auf. Das muss nicht viel Text sein, es geht lediglich darum, dass Du Dir darüber im Klaren bist, was Du in den nächsten zwölf Monaten erreichen willst und was nicht.

Es wird nicht lange dauern. Lege jetzt damit los!

Im nächsten Kapitel erfährst Du, wie Du diese Ziele emotional so stark auflädst, dass Dein Unterbewusstsein und jede Faser Deines Körpers gar nicht anders können, als diese Ziele zu erreichen.

KAPITEL 8

Fazit aus diesem Kapitel:

Zu viele Ziele zu haben, verwirrt den Kopf und verhindert meistens sogar die Zielerreichung. Darum konzentriere Dich innerhalb der nächsten zwölf Monate auf zwei bis maximal vier konkrete Ziele, die Du mit aller Leidenschaft und großem Engagement angehen wirst.

Frage Dich, lieber Leser:

- Welche meiner Träume sollte ich bereits jetzt angehen und in diesem Jahr verwirklichen?
- Welche Träume sind jetzt noch nicht an der Reihe, sondern eher in den Jahren danach?
- Kann ich, wenn ich alles gebe und aufhöre, an mir zu zweifeln, meine Ziele wirklich erreichen?

Was solltest Du vermeiden?

- Selbstzweifel sind der Tod Deiner Ziele. Löse deshalb unbedingt alle limitierenden Glaubenssätze auf, die Dich daran hindern könnten, Deine Ziele zu erreichen! Alles Notwendige dafür hast Du im ersten Teil dieses Buches erhalten.

KAPITEL 8

- Überlege Dir sehr gut, wem Du von Deinen Zielen erzählst und wem nicht. Es herrscht absolut keine Mitteilungspflicht. Niemand muss wissen, welche Ziele Du verfolgst. Erzähle sie erst einmal nur Menschen, die Dich darin bestärken, Deine Ziele zu erreichen!

Was führt zum Erfolg?

- Diesen gesamten Zielsetzungsprozess unbefangen und mit einer positiven Grundhaltung anzugehen. Denn wenn Du Dir wirklich die Zeit dafür nimmst, werden diese Ziele die Kraft haben, alles in Deinem Leben für immer zu verändern – hin zum Leben Deiner Träume!

KAPITEL 9

Kapitel 9 – Schaue Dir etwas aus der Nähe an

„Die Logik bringt Dich von A nach B. Die Vorstellungskraft bringt Dich überall hin!"– Albert Einstein

Es war der größte Triumph seines Lebens: Am 20. Februar 1994 gewann der Skispringer Jens Weissflog bei den Olympischen Spielen im norwegischen Lillehammer die Goldmedaille auf der Großschanze!

„Ich habe diesen einen Sprung immer und immer wieder geübt. In meiner Fantasie!", sagte er danach. Bobfahrer machen es genauso. Bevor sie den Kanal hinunterrauschen, gehen sie die Strecke stundenlang in ihrem Kopf durch. Jede einzelne Kurve absolvieren sie in ihren inneren Bildern Tausende Male, ehe sie die Strecke tatsächlich fahren.

Viele Olympioniken stellen sich auch bereits vor ihrem Triumph vor, wie sie später auf dem ersten Platz des Treppchens stehen und strahlend die Goldmedaille entgegennehmen. Solche intensiven Bilder sind für unser Gehirn eine hochwirksame Zielerreichungsstrategie, wenn nicht sogar die wirksamste von allen.

Unserer menschlichen Vorstellungskraft sind überhaupt keine Grenzen gesetzt, außer denen, die wir uns selbst vorgeben. Im Grunde kannst Du gemütlich im Wohnzimmersessel sitzen und Dir vorstellen, wie Du gerade mit der Fußballnationalmannschaft Weltmeister geworden bist. Und das Beste ist: Du

KAPITEL 9

kannst dabei emotional ganz ähnlich starke Glücksgefühle spüren, als wäre es wirklich passiert.

Deine Gedanken haben eine unglaublich große Macht über deine Gefühle. Wenn Du Dich an einem Tag nicht besonders gut fühlst und es dann schaffst, Dir nur zwei Minuten lang schöne Gedanken zu machen, kann dies dazu führen, dass Dein Körper so starke Glückshormone freisetzt, dass Du für den Rest des Tages sogar in Spitzenlaune bist, obwohl es zunächst gar nicht danach aussah.

Du hast vermutlich schon einmal selbst erlebt, dass Deine Laune innerhalb von Sekunden durch eine Information, die Du von außen bekommen hast, umgeschlagen ist. Das geht im Negativen (wenn man z. B. erfährt, dass ein geliebter Mensch gestorben ist) wie auch im Positiven (wenn man z. B. erfährt, dass man gerade im Lotto gewonnen hat, dass man im Job befördert wurde oder dass der geliebte Partner früher von der Geschäftsreise zurückkommt).

Das Buch „The Secret" und das große Missverständnis

Als das bekannte Buch „The Secret" von Rhonda Byrne erschien, gab es darum sehr viel Wirbel. Es polarisierte so stark, weil darin zwar sehr große Versprechungen gemacht wurden, diese aber nicht wirklich haltbar waren.

Die These von „The Secret" lautet ungefähr:

KAPITEL 9

Stelle Dir nur intensiv genug vor, dass in vier Wochen ein Scheck in Deinem Briefkasten liegt, und male Dir das Bild davon immer wieder aus, und es wird genau so geschehen. Alles, was Du Dir vorstellst, wird sich physisch manifestieren!

Ein schöner Gedanke. Und etwas Wahres ist auch daran, aber es ist eben nicht einmal die halbe Wahrheit. Es reicht nämlich nicht, es sich nur vorzustellen.

Stelle Dir Folgendes vor:
Du stehst neben Deinem Fahrrad am Fuß eines großen Berges. Du siehst vor Deinem inneren Auge, wie Du hinaufradelst und irgendwann auf dem Gipfel stehst. Du stellst es Dir mit all Deinen Sinnen vor und genießt schon in Deinen Gedanken, dort oben zu sein.

Du machst die Augen auf und …
… stehst immer noch neben Deinem Fahrrad!

Das ist der Grund, warum die Theorie aus „The Secret" leider unvollständig ist.

In Wirklichkeit funktioniert es so:

Du stehst neben Deinem Fahrrad vor einem großen Berg. Du stellst Dir vor, wie Du hinaufradelst und irgendwann auf dem Gipfel angekommen bist. Jetzt radelst Du los.

KAPITEL 9

Am Anfang ist es sehr anstrengend, Du schwitzt am ganzen Körper, aber Du stellst Dir immer wieder vor, wie Du oben am Gipfel ankommst. Darum gibt es für Dich und Deinen Geist gar keine andere Möglichkeit, als dass Du erfolgreich oben ankommst.

Auf dem Weg wird es immer mal wieder schwierig, und Dir kommt sogar zwischendurch mal der Gedanke, dass Du scheitern könntest. Diese Zweifel tauchen hin und wieder einmal kurz auf, aber Du wischst sie wieder weg und fährst einfach weiter, das Ziel immer vor Deinem geistigen Auge.

Und irgendwann bist Du angekommen. Nass geschwitzt, stolz und mit einem breiten Lächeln im Gesicht stehst Du auf dem Gipfel und stellst fest: Die Vorstellung, wie es sein würde, oben zu stehen, war schon unglaublich toll, aber in Wirklichkeit ist es sogar noch viel beeindruckender.

So und nicht anders funktioniert das sogenannte, viel umschriebene Gesetz der Anziehung wirklich!

Gemütlich auf der Couch liegen, Kartoffelchips essen und gleichzeitig schlank werden, nur weil man es sich vorstellt, funktioniert leider nicht. Sorry! Es gehört schon echte Anstrengung und Hingabe dazu, aber alles wird sehr leicht werden, wenn Du weißt, wie Du Deine Gedanken und Gefühle richtig beeinflusst und verwendest.

KAPITEL 9

Deine nächste Aufgabe wird emotional, und Du kannst sie mit allen Sinnen genießen.

Denn jetzt geht es vor allem um Deine fünf Sinne:

- Sehen
- Hören
- Fühlen
- Riechen
- Schmecken

Deine Aufgabe wird sein, Deine zwei bis vier gesetzten Jahresziele jetzt noch viel intensiver in Dein Gehirn und jede Faser Deines Körpers einzuprogrammieren, sodass Du gar nicht mehr anders kannst, als diese Ziele wie auf Autopilot zu erreichen.

Bevor wir zu Deiner konkreten Aufgabe kommen, musst Du zunächst noch einen wissenschaftlich erwiesenen Fakt der Neuroforschung verstehen, der in der Mainstream-Gesellschaft vollkommen unbekannt ist. Er wird dafür sorgen, dass Du die Welt augenblicklich anders siehst, wenn Du begreifst, was die Wissenschaft herausgefunden hat.

KAPITEL 9

Unser menschliches Unterbewusstsein kann nicht unterscheiden zwischen Dingen, die tatsächlich in unserem Leben geschehen sind, und Bildern, die wir uns in unserem Kopf machen.

Du bist also jederzeit in der Lage, die (fast) gleichen Glücksgefühle der Zielerreichung zu spüren, die Du auch fühlen wirst, wenn Du das Ziel anschließend wirklich erreicht hast.

Und wenn Dein Unterbewusstsein einmal gesehen, gehört, gespürt, gerochen und geschmeckt hat, wie schön es ist, wenn Du Dein Ziel erreicht hast, wird es automatisch alles tun, damit dieser Zustand zur Realität wird. Du kannst dann fast gar nicht mehr anders, als Dein Ziel zu erreichen.

Darum kommen wir jetzt zu einer Aufgabe, für die Du etwa 15 bis 30 Minuten PRO Ziel brauchen wirst. Sie ist aber von derart großer Wichtigkeit für Deine zukünftige Lebensqualität, dass Du sie unbedingt ausführen musst. Diese insgesamt 30 bis 60 Minuten, die Du gleich brauchen wirst, können für Deine Zukunft und die Erreichung Deiner Ziele also von entscheidender Bedeutung sein.

Nimm als Überschrift z. B. „Visualisierung meiner persönlichen Jahresziele" (das ist nur ein Vorschlag; falls Dir eine andere Überschrift besser gefällt, dann nimm diese) und schreibe dann bspw. untereinander:

KAPITEL 9

Ziel 1 – Fließend Spanisch sprechen können

- Sehen

Ich sehe mich gemeinsam mit spanischen Freunden in einem spanischen Kino und schaue mir einen Film an …

- Hören
- Fühlen
- Riechen
- Schmecken

Lass Deiner Fantasie und Vorstellungskraft bitte absolut freien Lauf. Von Bedeutung ist nur, dass Du Deine Zielerreichung mit allen Sinnen einmal erlebt hast, um Deinem Unterbewusstsein einen starken Impuls zu verleihen.

KAPITEL 9

Fazit aus diesem Kapitel:

Deine Vorstellungskraft ist grenzenlos, und Dein Unterbewusstsein kann nicht zwischen Traum und Realität unterscheiden. Wenn Du Dir etwas intensiv genug mit allen Sinnen vorstellst, dann programmierst Du diesen Wusch in Dein Unterbewusstsein so stark ein, dass es alles Notwendige tun wird, um Dein Vorhaben wahr zu machen. Deine Zielerreichung läuft dann fast schon auf Autopilot.

Frage Dich, lieber Leser:

- Gibt es praktische Beispiele in meinem Leben, in denen ich mir einen lang gehegten Traum so intensiv vorgestellt habe, dass ich anschließend alles erreicht habe und das Gefühl hatte, dass es sich sogar eher „leicht und natürlich" anfühlte?
- Habe ich mir eventuell in meinem Leben auch schon mal etwas Schlimmes immer wieder vorgestellt, und letztendlich ist es eingetroffen, und ich hatte das Gefühl, dass ich es habe kommen sehen?

KAPITEL 9

Was solltest Du vermeiden?

- Deine Vorstellungskraft ist extrem mächtig. Wenn Du Dir etwas Negatives immer wieder vorstellst, dann wirst Du Dich selbst darauf programmieren. Dein Unterbewusstsein macht keinen Unterschied zwischen negativ und positiv und führt einfach nur blind Deine Befehle aus.
- Versuche niemals, Erfolge auf Kosten anderer zu erreichen, denn dann wird Folgendes passieren: Du siehst ein klares Bild vor Dir, aber es fühlt sich gleichzeitig „irgendwie schlecht" an. Du wirst Dich gespalten fühlen, wenn Du etwas machst, was anderen Menschen schadet.

Was führt zum Erfolg?

- Stelle Dir am besten täglich schöne Dinge vor, die Du in Deinem Leben haben willst. Du wirst merken, dass positive und schöne Gedanken Dir auch immer gleichzeitig schöne Gefühle machen. Je öfter Du ungezwungen an etwas Schönes denkst, desto positiver wirst Du automatisch in Deinem Leben werden, weil es sich zu einer Gewohnheit entwickelt.

Teil 3

Wie Du Deine Gedanken und Gefühle bewusst steuerst

„Es gibt keine Grenzen. Weder für Gedanken noch für Gefühle. Es ist die Angst, die immer Grenzen setzt!" – Ingmar Bergman

Kapitel 10 – Wie man sich selbst ganz leicht depressiv machen kann

„Bevor Du Dir selbst Depressionen oder Minderwertigkeitskomplexe diagnostizierst, stelle sicher, dass Du nicht einfach nur von Arschlöchern umgeben bist."
– Sigmund Freud

Er überlegte den halben Abend hin und her, ob er es gleich wagen sollte. Dann, meistens mitten in der Nacht zwischen 3 und 5 Uhr, ergriff er die Gelegenheit, als die Straßen leergefegt waren und die Wahrscheinlichkeit hoch war, dass er niemandem begegnete.

Fast niemandem! Denn auf dem ca. 250 Meter langen Weg zur Nachttankstelle begegnete er natürlich dem Tankstellenverkäufer. Er machte sich jedes Mal aufs Neue Sorgen darüber, wie dieser diesmal reagieren würde. Neulich wirkte er etwas säuerlich. Ob es ihn störte, dass er jede Nacht dort kurz etwas einkaufen ging?

Er bezog sowieso jede Kleinigkeit auf sich. Wenn er doch mal kurz tagsüber rausging, z. B. um sein Geld beim Sozialamt abzuholen, und jemand etwas ernster mit ihm redete, gab ihm das Anlass, mehrere Tage lang darüber nachzudenken und sich zu fragen, warum er nur so unbeliebt bei anderen Menschen war.

KAPITEL 10

Die Dinge, die ihm gelangen, wie z. B. schöne Songs auf der Gitarre zu komponieren, hielt er für selbstverständlich und achtete nur darauf, was er alles falsch machte. Sein Fokus im Leben lag komplett auf den Dingen, die ihn traurig, nachdenklich und frustriert werden ließen.

Nachts an der Tankstelle kaufte er sich immer das Gleiche. Eine Flasche Cola und eine Tüte Chips. Das waren oft die einzigen zehn Minuten täglich, die er an der frischen Luft verbrachte, und die wenigen Worte, die er in den 20 Sekunden beim Bezahlen wechselte, waren häufig die einzige Kommunikation.

Ich muss zugeben: Ich schreibe von mir selbst im Jahr 2004. Ich war damals extrem depressiv und wurde immer mal wieder in die geschlossene Psychiatrie eingeliefert. Ich hatte ein paar Freunde, aber denen erging es ähnlich.

Mit diesen damaligen Freunden konnte ich stundenlang „nach Herzenslust" über traurige Dinge sprechen, über Menschen lästern und mich darüber austauschen, was für ein gemeiner und finsterer Ort diese Welt doch in Wirklichkeit war. Und das taten wir auch jedes Mal, wenn wir uns sahen. Das gab uns das Gefühl von Kameradschaft und dass wir nicht alleine waren.

KAPITEL 10

Es gibt ein paar Dinge, die Du beachten solltest, wenn Du depressiv sein willst!

Beginnen wir mal mit Deiner Physiologie. Stelle Dir bitte mal vor, in den Raum, in dem Du gerade sitzt und dieses Buch liest, träte jetzt ein Mensch, der schwer depressiv ist. Wie würde sich dieser Mensch bewegen? Wie wäre seine Körpersprache?

- Würde er eher aufrecht oder etwas gebückt gehen?
- Würde er eher lächeln oder traurig dreinschauen? (Mundwinkel)
- Würde er eher leise oder laut sprechen?
- Würde er seine Stirn vielleicht runzeln?
- Würde er eher schnell oder langsam sprechen?
- Würden seine Schultern eher hängen oder gerade sein?

Deine Physiologie oder anders ausgedrückt, Deine Körpersprache entscheidet in ganz hohem Maße darüber, wie Du Dich fühlst und was Du denken wirst.

Mache bitte einmal folgenden Selbsttest:
Setze Dich hin und lass den Kopf etwas hängen. Ziehe Deine Mundwinkel so zusammen, wie Du es machen würdest, wenn Du sehr traurig wärst, und lass Deine Schultern hängen.

KAPITEL 10

Jetzt harre eine Minute in dieser Position aus. Danach stehe auf, reiße die Arme nach oben und schreie: „Yeah, ich bin am Leben" (oder Ähnliches), und lache aus voller Lust!

Du wirst feststellen: Du FÜHLST Dich in beiden Positionen völlig unterschiedlich. Und dies nur durch die Änderung Deiner Physiologie. Du brauchtest nicht einmal positiv oder negativ zu denken. Manche Menschen können sich in einer Körpersprache ausdrücken, in der sie NICHT dazu in der Lage sind, überhaupt positiv zu denken.

Um positiv und erfolgreich denken zu können, bedarf es schon einer bestimmten Körpersprache. Beides steht in einem ständigen Austausch miteinander.

Darum kannst Du bereits sehr viel in Deinem Leben verändern, indem Du einfach darauf achtest, eine „fröhliche Körpersprache" an den Tag zu legen. Damit meine ich keinesfalls, das Du an jedem einzelnen Tag lächelnd und hüpfend durch die Welt laufen sollst wie ein Verrückter, sondern dass Du einfach darauf achten sollst, ob Du Dich eher so bewegst wie jemand, der glücklich ist, oder wie jemand, der traurig oder gar depressiv ist.

Welche Musik würdest Du hören, wenn Du traurig bist, um Dich in diesem Zustand so lange wie möglich aufzuhalten? Und welche Musik würdest Du hören, wenn es Dir richtig gut geht, Du voller Energie bist und das Leben feiern willst?

KAPITEL 10

Bitte beantworte die letzten beiden Fragen für Dich selbst. Was aber würde passieren, wenn Du in den traurigen Stunden die Musik für „fröhliche Stunden, Power und Energie" laut aufdrehen würdest und, obwohl Dir gerade überhaupt nicht danach ist, fünf Minuten lang wie ein Verrückter tanzend durch die Dusche springen würdest?

Das Ergebnis wäre erstaunlich. Würdest Du gute Laune bekommen, obwohl Du Dich eigentlich gerade schlecht gefühlt hast? Ja! Selbstverständlich! Du würdest Dich auf einmal frisch und energiegeladen fühlen!

Aber was ist, wenn soeben ein geliebter Mensch gestorben ist und man deshalb gar nicht gut drauf sein darf oder sollte?

Bevor ich das im Detail beantworte, will ich vorwegschicken, dass ich mir des tiefen Schmerzes bewusst bin, den man verspürt, wenn ein geliebter Mensch stirbt. Am schlimmsten ist es wohl, wenn der Todesfall plötzlich und unerwartet geschieht. Ich habe schon so einige Menschen in meinem Leben verloren, aber mit Abstand am schlimmsten für mich war, als am 1. Juni 2004 mein eigener Vater im Alter von 51 Jahren tot auf seinem Bett gefunden wurde. Es hatte keinerlei Vorzeichen gegeben. Auf einmal war er einfach nicht mehr am Leben, und ich musste mich mit dem Gedanken abfinden, dass einer der Menschen, die ich am meisten auf dieser Welt geliebt hatte, aufgehört hatte zu leben. Dass ich nie wieder mit ihm sprechen konnte, dass es einfach vorbei war und er nicht mehr zurückkommen würde, ganz egal, wie sehr ich es mir auch wünschte.

KAPITEL 10

Hätte ich trotz dieses niederschmetternden Verlustes bereits am nächsten Tag „gut drauf" sein DÜRFEN? Wäre das in Ordnung gewesen? Oder wäre ich dann ein „schlechter Mensch" gewesen, dem der Tod des eigenen Vaters egal war?

Fakt ist: Ich war damals wochenlang tieftraurig und verhielt mich so, „wie man das auch macht" bzw. „wie man das machen sollte".

Aber nun eine andere Frage: Wäre ich rein physiologisch dazu in der Lage gewesen, bereits 24 Stunden nach dem plötzlichen Tod meines Vaters gute Laune zu haben und über das ganze Gesicht zu strahlen?

Ja absolut! Selbstverständlich! Das ist körperlich völlig möglich. Unser Geist ist jederzeit dazu bereit, sich gut zu fühlen und positive Signale zu empfangen, ganz genauso wie negative.

Die Message ist: Wir haben es in jeder Sekunde unseres Lebens selbst in der Hand, wie wir uns fühlen. Nützt es irgendjemandem auf dieser Welt etwas, wenn es Dir schlecht geht? Wahrscheinlich eher nicht, oder? Niemand hat etwas davon.

Es gibt kleine Völker auf dieser Erde, die daran glauben, dass jemand, der stirbt, ins Paradies kommt. Dort gibt es jedes Mal, wenn jemand stirbt, eine riesige Feier, bei der man demjenigen viel Glück und Spaß im Paradies wünscht und sich total für ihn freut. Wenn dort jemand tagelang trauert, dann wird dieser Person schnell vorgeworfen, dass sie neidisch auf den Toten wäre.

KAPITEL 10

Ich bewerte dies hier nicht. Mir geht es nicht darum, dass man sich nicht Zeit nehmen sollte, um den eigenen Schmerz zu verarbeiten, zu weinen und um einen geliebten Menschen zu trauern. Es geht mir hier einzig und allein um eine wissenschaftlich belegte und absolut wichtige Tatsache, die jeder Mensch kennen sollte:

Du bist IMMER dazu in der Lage, Dich in einem Spitzenzustand zu fühlen! In jeder Sekunde Deines Lebens kannst Du Deine Gefühle wechseln und in den Zustand gelangen, der Dir aktuell am besten gefällt.

Deine Physiologie ist unglaublich mächtig. Eines der mächtigsten Tools, die Du für gute oder schlechte Gefühle in Deinem Leben zur Verfügung hast, ist Deine Atmung. So wie Dein Körper mit Sauerstoff versorgt wird, so wirst Du Dich fühlen, und die meisten Menschen, die heutzutage zu viel sitzen (z. B. am Schreibtisch) und sich zu wenig bewegen, haben nur zwei Möglichkeiten:

1. Regelmäßig Sport treiben.
2. Ständig unter den eigenen Möglichkeiten bleiben.

Damit ist nicht gesagt, dass jemand der keinen Sport macht, nicht auch erfolgreich sein kann. Ganz im Gegenteil. Aber ein Mensch, der sich zu wenig bewegt, wird immer unter seinen Möglichkeiten bleiben, weil er seinen Körper automatisch mit zu wenig Sauerstoff versorgt.

KAPITEL 10

Was Sport mit Deiner Laune und Deinen Gefühlen macht

Kannst Du Dich daran erinnern, wie es war, als Du längere Zeit in Deinem Leben keinen Sport getrieben hast, dann Deine erste Sporteinheit gemacht hast und anschließend nass geschwitzt unter der Dusche standest? Wie hast Du Dich da gefühlt?

Sehr wahrscheinlich hast Du Dich extrem glücklich gefühlt und Dich gefragt, wie Du die ganze Zeit darauf verzichten konntest. Dieses Verhalten lässt sich bei fast allen Menschen nach einer langen Sportpause feststellen.

Warum ist das so? Weil es uns auch ohne Sport gut geht! Kein Mensch auf dieser Welt muss Sport treiben, damit es ihm „ganz gut" geht und er alles aushalten kann. Man kann sich sogar zwischendurch spitzenmäßig und fantastisch fühlen, ohne je Sport getrieben zu haben.

Aber wer Sport treibt, fühlt sich noch besser!

Ich möchte diese These an dieser Stelle nicht wissenschaftlich untermauern, sondern Dich vielmehr dazu anregen, falls Du aktuell keinen Sport treibst, nach langer Zeit mal wieder in deine Sportschuhe zu schlüpfen und eine Runde zu joggen, ein paar Liegestütze zu machen oder eine halbe Stunde auf den Hometrainer zu steigen, den Du vor fünf Jahren in den Keller gestellt hast, weil Du das Ding nie benutzt hast.

KAPITEL 10

Es geht hier nicht darum, dass Du Dich zur nächsten Olympiade anmeldest, sondern einfach nur um ein Experiment:

Ich behaupte, dass Deine erste Sporteinheit nach längerer Zeit folgendermaßen abläuft:

1. Du beginnst, und die ersten zehn Minuten sind der absolute Horror. Du denkst Dir vielleicht: „Dieser Adams hat sie doch nicht alle. Ich mache das nie wieder."
2. Die zweiten zehn Minuten sind schon erträglicher, Du beginnst zu schwitzen und außer Atem zu geraten.
3. Du hörst auf, gehst unter die heiße Dusche und spürst ein Gefühl, das Du schon seit Ewigkeiten nicht mehr hattest. Du fühlst Dich UNBESCHREIBLICH LEBENDIG und fragst Dich, wie Du vorher überhaupt darauf verzichten konntest.

Nun, tatsächlich ist es so, dass wir Menschen solche Gefühle erst spüren müssen. Es nützt überhaupt nichts, wenn ich sie Dir jetzt noch seitenlang beschreibe, denn dann würdest Du vermutlich aufhören zu lesen. Ich kann Dir nur empfehlen, es selbst auszuprobieren. Wenn Du danach immer noch davon überzeugt sein solltest, dass Sport nicht das Richtige für Dich ist, dann lass es von mir aus bleiben, aber gib Dir selbst die Chance und probiere es einmal aus! JETZT!

KAPITEL 10

Wie Du Dich am effektivsten depressiv machen kannst – eine absolut zuverlässige Technik

Du hast bisher in diesem Kapitel erfahren, dass Du Dich einfach auf eine bestimmte Art und Weise bewegen musst und am besten keinen Sport treibst, um depressiv zu werden. Damit bist Du auf jeden Fall schon ziemlich gut im Depressivsein.

Jetzt möchte ich Dir noch die stärkste Waffe vorstellen, mit der Du Dich so schnell traurig und depressiv machen kannst, wie mit nichts anderem: Deinen Geist und Deine Gedanken.

Deine Gedanken haben eine so unglaublich starke Macht über Dein Leben wie nichts anderes.

Stelle Dir vor, Du erlebst schlimme Dinge, und sofort bist Du in der Lage, Angst zu spüren. Stelle Dir vor, wie Du bei einer bestimmten Sache scheiterst, und Du spürst sofort Selbstzweifel in Dir, die dafür sorgen, dass Du zusätzlich Unsicherheit und Nervosität fühlen kannst. Grandios, was Du alles mit ein paar kleinen Gedanken anrichten kannst.

Und jetzt können wir das Ganze natürlich meisterhaft kombinieren:

KAPITEL 10

Wenn Du zusätzlich eine negative Körpersprache an den Tag legst, keinen Sport treibst UND ständig an negative Dinge denkst, DANN bist Du schneller depressiv, als Du es glauben kannst.

Meistens passiert dies Menschen, die schlimme Dinge in ihrem Leben erlebt haben und diese immer wieder in ihrem Kopf wiederholen. Immer wieder! So oft, bis sich ein täglicher Kreislauf herauskristallisiert hat, der automatisiert dieses Gedankenkarussell ausspuckt. Jeden Tag aufs Neue! Ab diesem Moment ist ein Mensch offiziell depressiv. Herzlichen Glückwunsch!

Selbstverständlich ist das nicht auf die leichte Schulter zu nehmen. Doch wenn Du verstehst, wie Du Deine eigenen Gefühle gezielt lenken kannst, kann sich Deine Lebensqualität deutlich verbessern. Denn am Ende geht es doch in Deinem Leben immer nur darum, wie oft Du Dich gut fühlst und wie oft Du Dich schlecht fühlst.

Stimmst Du mir zu, dass Dein Leben dann toll ist, wenn Du Dich so oft wie möglich hervorragend fühlst? Ganz sicher, oder?

Im nächsten Kapitel wirst Du drei Fragen kennenlernen, die Dein Leben für immer verändern werden.

KAPITEL 10

Fazit aus diesem Kapitel:

Deine Physiologie bestimmt die Art, wie Du Dich fühlst und wie Du denkst. Wenn Du Dich bewegst wie ein glücklicher Erfolgsmensch, wirst Du Dich auch so fühlen. Wenn Du Dich bewegst wie ein „unglücklicher Versager", wirst Du Dich exakt so fühlen. Achte immer darauf, Dich nicht hängen zu lassen und Dich nicht durch eine fatale Körperhaltung traurig zu machen!

Möglicherweise ist eine „Sieger-Körperhaltung" sogar für die erste Zeit inkongruent bzw. nicht authentisch, aber das ist viel besser als eine authentische Haltung, die Dich traurig und unglücklich machen würde. Lerne, eine Sieger-Körperhaltung anzunehmen und Dich dementsprechend kraftvoll und glücklich zu fühlen!

Frage Dich, lieber Leser:

- Gab es schon einmal in meinem Leben einen Zeitpunkt, an dem ich meine Körpersprache (ob bewusst oder unbewusst) geändert habe und sich meine Stimmung dadurch verbessert oder verschlechtert hat?
- Wie genau sehe ich aus, wenn ich eine positive Körperhaltung annehme, die mich kraftvoll und glücklich wirken lässt?

KAPITEL 10

Was solltest Du vermeiden?

- Lass auf keinen Fall die Schultern hängen, achte darauf, dass Du Deine Stirn nicht runzelst, und lass Deine Mundwinkel nicht nach unten hängen. Denn all diese körpersprachlichen Merkmale machen definitiv schlechte Laune und schwächen Dich.
- Höre in der ersten Zeit, in der Du die Veränderung ausprobierst, nicht zu sehr auf Menschen, die das „lächerlich" finden oder glauben, Du wolltest Dich „zwanghaft" verändern, und Dich auffordern, mal wieder „locker" zu werden und einfach so zu sein wie immer. Es dauert eben eine Weile, bis Du Dich mit einer neuen, positiven Körperhaltung richtig wohlfühlen wirst. Einfach weil es ungewohnt ist.

Was führt zum Erfolg?

- Schultern hoch, Siegerlächeln, Brust raus und eine offene Stirn signalisieren nach außen: „Mich bringt so schnell nichts aus der Ruhe!" Nach einer Weile wird diese Körperhaltung für Dich normal werden, und Du wirst Dich nicht mehr anstrengen müssen. Vor allem wird die neue Haltung authentisch und glaubhaft sein. Gib Dir etwas Zeit!

KAPITEL 11

Kapitel 11 – Die drei Fragen, die Dein Leben für immer verändern werden

„Erfolgreiche Menschen stellen bessere Fragen. Als Resultat bekommen sie bessere Antworten." – Anthony Robbins

Er war der heimliche Star der Olympischen Winterspiele 1988 in Calgary, obwohl er keine Chance hatte, in die Medaillenränge aufzusteigen. Stattdessen wurde er sogar Letzter in seiner Disziplin, und dennoch kann sich die gesamte Presse und jeder, der diese Spiele verfolgte, noch heute an ihn erinnern.

Die Rede ist von „Eddy the Eagle", dessen Geschichte sogar verfilmt wurde und 2016 in die Kinos kam. Eddy war als Kind immer besessen von dem Gedanken, eines Tages an den Olympischen Spielen teilzunehmen. Er wusste noch nicht einmal genau, in welcher Disziplin er antreten würde, er wusste nur, dass er dabei sein wollte. Das war sein tiefster Herzenswunsch, und er sprach jeden Tag davon.

Und er stellte sich selbst immer wieder die Frage: „WIE kann ich es schaffen, zu den Olympischen Spielen zu kommen?" Eddys Problem ist leicht verständlich. Er war einfach kein grandioser Sportler, und zwar in keiner Disziplin. Er war z. B. beim Skifahren recht gut, aber um bei den Olympischen Spielen erfolgreich zu sein, reicht es eben nicht aus, „ganz gut" zu sein.

KAPITEL 11

Im Jahr 1987 witterte Eddy seine große Chance, für sein Land England anzutreten, als er erfuhr, dass es keine englische Mannschaft im Skispringen geben würde. Er überredete einen ehemaligen Profispringer (der mittlerweile Alkoholiker war und nichts mehr mit diesem Sport zu tun hatte), ihn zu trainieren, und sprang das allererste Mal in seinem Leben von einer Skischanze, stürzte und landete im Krankenhaus.

Dort baten ihn seine Eltern und seine Freunde, die Schnapsidee endlich fallen zu lassen, vernünftig zu werden und zugunsten seiner Gesundheit auf Olympia zu verzichten. Außerdem waren alle fest davon überzeugt, dass Eddy die Qualifikation für die Olympischen Spielen sowieso niemals schaffen würde.

Eddy wiederum hielt auch dann noch an seinem großen Ziel fest, als es ausweglos erschien. Er fragte sich immer wieder: „Wie kann ich es schaffen, zu den Olympischen Spielen zu kommen?" Und obwohl die Bedingungen noch schwieriger für ihn wurden, als zur Qualifikation eine Mindestweite von immerhin 69 Metern festgesetzt wurde – man war nicht daran interessiert, Eddy teilnehmen zu lassen, im Gegenteil, man hielt ihn für einen Spinner –, hielt Eddy beharrlich an seinem Ziel fest.

Er fragte sich nun: „Wie kann ich es schaffen, diese 69 Meter zu springen?" Das Ende vom Lied kannst Du Dir unter anderem auf YouTube anschauen, wenn Du „Eddy the Eagle" dort eingibst. Er war bei den Olympischen Spielen 1988 in Calgary dabei, und die Menschen dort haben ihn über alles geliebt!

KAPITEL 11

„Warum immer ich?"

Das ist eine beliebte Frage von Menschen, die sich vom Leben herumgeschubst fühlen. Und es ist vollkommen egal, was wir unser Gehirn fragen, es wird antworten. Unser Gehirn ist sozusagen eine Frage-Antwort-Maschine. Diese Maschine funktioniert unglaublich präzise, sodass wir sie wie einen Computer steuern können, nur dass dieser Computer niemals abstürzt und immer das tut, was wir von ihm verlangen.

Was antwortet unser Gehirn auf die Frage: „Warum immer ich?"
Beispielsweise das Folgende:
„Weil Du ein Schwein bist!"
„Weil Du dumm bist!"
„Weil niemand so bescheuert ist wie Du!"
„Weil Du einfach nichts anderes verdient hast!"

Stelle Dir selbst eine Frage mit einer bestimmten Wertung, und Du bekommst eine Antwort mit der gleichen Wertung!

Ähnliche, nicht gerade zielführende Fragen sind auch:

„Wo ist das Problem?"
„Warum mache ich immer so vieles falsch?"
„Was kann jetzt noch schiefgehen?"
„Was für Probleme können alle auf mich zukommen?"

KAPITEL 11

Versteh mich bitte richtig. Ich bin selbst Geschäftsmann und <u>weiß, wie wichtig es ist, auch immer die negativen Folgen einer Handlung mit zu bedenken. Das kann man kurz tun und sich dann sofort wieder auf das Positive konzentrieren.</u>

Es ist also falsch, sich NUR und EINZIG auf das Positive zu konzentrieren und die möglichen negativen Folgen einer Aktion oder eines Plans außer Acht zu lassen. Das wäre unvernünftig und naiv. Aber die meisten Menschen scheitern für gewöhnlich mit ihren Plänen, weil sie es nicht schaffen, aus dem Problemfokus herauszukommen, und deshalb erreichen sie niemals den Punkt, an dem sie ihr Projekt endlich richtig starten können.

Sie müssen ein Problem nach dem anderen lösen, weil sie sich von Anfang an auf nichts anderes konzentrieren und deshalb all die Möglichkeiten, die sich ihnen auftun, gar nicht sehen können. Wir können im Leben nur sehen und erreichen, worauf wir uns konzentrieren. Und wenn dies Probleme sind, dann werden wir eben nur Probleme sehen und erreichen.

Auf die Frage „Wo ist das Problem?" werden Deine Gedanken immer sofort ein Ergebnis ausspucken und ein Problem finden. Ich vermute, es gibt keine Lebenssituation eines Menschen, in der er nicht in der Lage wäre, ein Problem zu finden, das man erst einmal lösen muss, damit es weitergehen kann.

Wenn Du Dich fragst: „Warum mache ich immer so vieles falsch?", werden Dir in Gedanken klare Gründe dafür erscheinen. Das liegt nicht etwa daran, dass Du tatsächlich immer so vieles falsch machst, sondern einfach daran, dass Du

KAPITEL 11

Deine Frage-Antwort-Maschine mit etwas „gefüttert" hast, worauf sie eine Antwort ausspucken muss, die Dich keinesfalls glücklich und zufrieden machen kann.

Wie zielführend sind diese Fragen, wenn es darum geht, Deine Ziele im Leben zu erreichen? Bringen sie Dich wirklich weiter? Selbstverständlich nicht!

Die meisten Menschen befinden sich ihr ganzes Leben lang in einem Problemfokus, den sie nicht einmal bemerken, weil sie die große Macht der Fragen nicht kennen und nicht wissen, wie unser Gehirn funktioniert. Unser Gehirn bewertet die Fragen, die Du ihm stellst, nicht, sondern beantwortet sie ganz einfach.

Eine falsche Frage oft genug gestellt, kann jeden noch so guten Plan vereiteln. Im zweiten Teil dieses Buches hast Du Dich mit Deinen Zielen auseinandergesetzt und sie „in Dich einprogrammiert", indem Du sie mit all Deinen Sinnen wahrgenommen hast. Dass Dein Unterbewusstsein nun alles dafür tun wird, diese Ziele zu erreichen, steht außer Frage. Du könntest es allerdings stark blockieren, indem Du Dich immer wieder fragst, was alles dazwischenkommen könnte.

Jeder Gedanke, den Dein Gehirn ausspuckt, ist die Beantwortung einer bestimmten Frage. Wenn Du lernst, die falschen Fragen zu vermeiden und die richtigen Fragen zu stellen, kann sich alleine hierdurch Dein gesamtes Denken und damit Dein Leben ändern.

KAPITEL 11

Welche Fragen sind stattdessen zielführend und bringen Dich in Rekordzeit an Dein gewünschtes Ziel?

Bevor wir gleich dazu kommen, welche drei Fragen ich Dir als Start in jeden einzelnen Tag empfehle, kommen wir erst zu einer Frage, die ich jeden Tag sehr oft stelle. An mich und an meine Mitmenschen. Denn sie ist für mich eine Wunderwaffe, um Ziele zu erreichen.

Diese Frage lautet:

„WIE kann ich das (trotzdem) erreichen?"

Dabei ist es vollkommen egal, wie viele Hindernisse Dir in den Weg gelegt wurden, diese Frage wird Dich immer beflügeln, eine Lösung selbst für scheinbar unlösbare Probleme zu finden.

Manchmal reicht es nicht aus, sie nur ein einziges Mal zu stellen, sondern Du musst sie eventuell viele Male und über eine längere Zeit hinweg stellen, bis Du eine Lösung findest, die für Dich akzeptabel ist.

So finden erfolgreiche Menschen oft dort Lösungen, wo andere bereits lange aufgegeben haben. Weißt Du z. B. ganz genau, was ein iPhone ist?

Der Erfinder des iPhones, Steve Jobs, wollte sicherstellen, dass das erste iPhone nur einen einzigen Knopf hat.

KAPITEL 11

Sein Technikteam stand vor einer sehr großen Herausforderung, schließlich gab es damals nichts Vergleichbares und schon gar nichts mit nur einem einzigen Knopf.

Nach Wochen des Ausprobierens und sehr viel harter Arbeit setzte er sich mit den Chefs aus seinem Technikteam zusammen. Das waren absolute Experten, die ein großes Budget zur Verfügung hatten und Tag und Nacht alles dafür gaben, eine Lösung für dieses scheinbar unlösbare Problem zu finden.

Sie erklärten Jobs in einem sehr langen und intensiven Meeting, warum es technisch unmöglich machbar sei, das iPhone mit nur einem einzigen Knopf zu veröffentlichen. Es müssten aus bestimmten, gut erklärbaren Gründen mindestens zwei Knöpfe vorhanden sein, alles andere sei definitiv nicht möglich.

Das Technikteam bestand zwar aus klugen Menschen, die ihre Meinung selbstbewusst vertreten konnten, aber Jobs war dennoch nicht zufrieden. Viele andere Menschen an Jobs Stelle hätten sich damit abgefunden, dass es eben doch zwei Knöpfe sein mussten, doch Steve Jobs stellte sich fortan immer wieder die gleiche Frage:

„WIE können wir es möglich machen, dass das erste iPhone nur einen einzigen Knopf hat?"

Das Ende vom Lied war, dass sein Technikteam eine Lösung fand. Das erste iPhone hatte tatsächlich nur einen einzigen Knopf. In vielen Situationen im

KAPITEL 11

Leben lohnt es sich sehr, ausdauernd die richtige Frage zu stellen und nicht zu früh aufzugeben.

Und wer sich fragt, warum irgendetwas nicht klappt, der hat schon längst aufgegeben, denn wie Du mittlerweile definitiv weißt: Unsere Gedanken werden entsprechend antworten.

Die folgenden drei Fragen werden Dein Leben für immer auf den Kopf stellen:

Du kennst inzwischen meine persönliche Geschichte. Um der Mensch zu werden, der ich heute bin, habe ich mir jahrelang die folgenden drei Fragen JEDEN einzelnen Morgen gestellt:

1. Warum bin ich in diesem Moment meines Lebens glücklich?
2. Was macht mich in diesem Moment meines Lebens dankbar?
3. Wie kann ich den heutigen Tag am besten nutzen, um meine Träume zu leben?

DIESE drei Fragen jeden Morgen gestellt, bringen Dir jedes Mal den richtigen Fokus, die richtige Einstellung und die richtigen Gedanken, um Deinen Tag optimal zu gestalten. (Ich habe sie mir direkt neben meinen Badezimmerspiegel gehängt, sodass ich ihnen zwangsläufig jeden Morgen beim Zähneputzen begegnet bin.)

KAPITEL 11

Der große Vorteil dieser Fragen gegenüber vielen anderen Techniken ist, dass Du Dir „ja nur" Fragen stellst, auf die Du jeden Morgen selbst frei antworten kannst.

Allerdings gibt es auf die Frage: „Warum BIN ich in diesem Moment meines Lebens glücklich?", ausschließlich positive Antworten, wenn Du es halbwegs genau nimmst. Es existiert darauf keine Option einer negativen Antwort.

Vielleicht wirst Du darauf manchmal nicht sofort eine Antwort wissen. Das ist vollkommen normal, und Dein Gehirn braucht eventuell am Anfang erst einmal etwas Übung. Aber wenn Du Dir diese Fragen vier- oder fünfmal oder sogar öfter stellst, wird 100%ig der Moment kommen, in dem Du eine gute Antwort findest.

Stelle Dir diese drei Fragen für eine gewisse Zeit jeden Morgen und erlebe damit wahre Wunder in Deinem Lebensgefühl und den Ergebnissen, die Du erreichst!

KAPITEL 11

Fazit aus diesem Kapitel:

Fragen lenken deinen Fokus im Leben ganz automatisch. Stelle die falsche Frage, und Dein Gehirn liefert Dir die falschen Antworten. Du wirst die falschen Dinge denken und anschließend tun. Alles beginnt mit den richtigen Fragen, die Du Dir selbst stellst.

Außerdem wirst Du durch die richtigen Fragen auch Gespräche mit anderen Menschen immer in eine bestimmte, gewünschte Richtung lenken können.

Frage Dich, lieber Leser:

- Wie kann ich sicherstellen, dass ich mir zukünftig nur noch ausschließlich positive und zielführende Selbstfragen stelle und die negativen bzw. destruktiven außen vor lasse?
- Was habe ich aus dem letzten Kapitel genau gelernt, und wie kann es dazu dienen, zukünftig meine Lebensqualität um das 500-Fache zu erhöhen?

KAPITEL 11

Was solltest Du vermeiden?

- Stelle Dir bitte niemals Fragen, die eine sehr negative Antwort provozieren, denn das bringt Dich einfach nicht weiter. (Außer Du musst gerade bei einem bestimmten Projekt die Schwachstellen herausfinden, um sie anschließend für immer zu vermeiden. Dafür gilt eine Ausnahme, aber nur für diesen Fall!)
- Antworte auch nicht auf Fragen von anderen Menschen, die negativ gestellt sind, sondern formuliere immer zuerst für Dich in Deinem Kopf die Frage um und antworte dann darauf. Antworte niemals auf dämlich gestellte Fragen, denn darauf kann es nur dämliche Antworten geben.

Was führt zum Erfolg?

- Die Frage: „Was muss nun genau geschehen, damit dieses Problem gelöst wird?", ist immer klug.
- Die Frage: „Welche Lösung ist hier angebracht, die alle Beteiligten zufriedenstellt?", kann ebenfalls immer nur gute Ergebnisse hervorbringen.

Kapitel 12 – Egoismus ist geil

„Kluge Egoisten denken an andere, helfen anderen, so gut sie können – mit dem Ergebnis, dass sie selbst davon profitieren." – Dalai Lama

Freunde sind Dir wichtig in Deinem Leben, oder? Ich meine, man kann die schönsten Dinge erleben, und es bringt trotzdem einfach mindestens das Doppelte an Vergnügen, wenn man Menschen dabei hat, mit denen man den Spaß teilen kann.

Irgendwann einmal wirst Du auf Dein Leben zurückblicken, und alles, was Du dann hast, sind noch ein paar Jahre, Deine Erinnerungen und hoffentlich ein gutes Leben.

Was ist also mit Deinem jetzigen Freundeskreis? Welche Menschen aus Deinem Freundeskreis triffst Du wirklich gerne? Sind es alle? Das wäre doch fantastisch, so muss es sein!

Oder gibt es auch Leute, die Du eher aus Pflichtgefühl oder sogar aus Schuldgefühlen triffst? Falls es so ist: Das geht extrem vielen Menschen so, wenn sie einmal ehrlich zu sich selbst sind.

Eine Freundin von mir, die mir sehr am Herzen liegt, geht beispielsweise genau heute, während ich diese Zeilen schreibe, eine ihrer „Freundinnen" besuchen, die sie ein „bisschen nervt". Der Grund für ihren Besuch:

KAPITEL 12

„Ich kann sie ja nicht hängen lassen, sie hat mich schon so oft gefragt!"

Ich kann das ehrlich gesagt sehr gut nachvollziehen. Wir alle haben ein gutes Herz und wollen am liebsten niemandem wehtun oder zu niemandem unfreundlich sein. Aber lass Dich mal bitte auf die folgende Frage ein:

Ist es nicht in Wirklichkeit viel unfreundlicher und unmoralischer, unehrlich zu sein und falsche Tatsachenvorzuspiegeln?

Das ist ein Thema, das bei vielen Menschen ungute Gefühle auslöst, schließlich haben wir vielleicht Tausende gute und verständliche Gründe dafür parat, etwas zu tun, worauf wir eigentlich keine Lust haben.

Das Wort „Egoismus" ist in unserer heutigen Gesellschaft leider sehr negativ bewertet.

Wie bewerte ich Egoismus?
Bedeutet es:
- anderen zu schaden, indem Du Dein Ding durchziehst?

Oder:

- dass Du einfach Dein Ding durchziehst und weißt, dass jeder Mensch für sich selbst verantwortlich ist?

KAPITEL 12

Das sind zwei völlig unterschiedliche Sätze, ich weiß. Ich selbst vertrete zu 100 % die zweite Einstellung. Ich mache in meinem Leben immer nur Dinge, die ich auch wirklich tun will, ohne Rücksicht auf Menschen, die von mir Dinge verlangen, auf die ich keine Lust habe.

Das hört sich zunächst vielleicht hart an, und manche Menschen mögen mich auch genau deshalb nicht, aber wenn wir das etwas genauer unter die Lupe nehmen, gefällt es Dir vielleicht sogar ein bisschen, und eventuell klaust Du Dir auch ein bisschen was aus der Lebenseinstellung, mit der ich seit ein paar Jahren sehr viele tolle Dinge verknüpfe:

- - Du sagst jedem Menschen (in Deinem Privatleben) ganz ehrlich, ob Du auf etwas Lust hast oder nicht.

- - Du brauchst Dich niemals über Dinge aufzuregen, die ein anderer tut, weil Du Dich selbst dazu entschieden hast, mit diesem Menschen Zeit zu verbringen, und es somit Deine eigene volle Verantwortung ist.

- - Du verbringst Deine Privatzeit ausschließlich mit Leuten, die Du wirklich magst.

Das hat unter anderem die folgenden gravierenden Vorteile für Dein Leben:

- - Alle Deine Freunde und Mitmenschen wissen, dass Du ehrlich bist und sagst, was Du denkst.

KAPITEL 12

- - Deine Freunde entwickeln ein sehr starkes Vertrauen zu Dir, weil Du Komplimente ehrlich meinst und niemals aus Pflichtgefühl heuchelst.

- - Menschen, die nicht zu Dir passen und mit denen Du eigentlich keine Zeit verbringen willst, verschwinden allmählich aus Deinem Leben und machen Platz und Zeit für neue Bekanntschaften. Zeit ist ein unglaublich wichtiges Gut! Nutze es sinnvoll!

„Aber ich muss doch, sonst werde ich sie/ihn sicher verletzen!"

Diesen Satz habe ich in meinem Leben oftmals gehört und früher auch selbst mitunter gesagt. Aber er spiegelt eine große, fette Lüge wider, die kaum schlimmer für Dein eigenes Selbstvertrauen sein könnte.

Jeder Mensch ist für sein eigenes Leben selbst verantwortlich!

Mir macht es zum Beispiel auch mal Spaß:

- - Freunden beim Umzug zu helfen,

- - jemanden in den Arm zu nehmen und stundenlang zu quatschen, weil es ihr/ihm nicht gut geht,

- - jemandem etwas Tolles zu schenken,

KAPITEL 12

- - jemanden ins Krankenhaus zu fahren, weil es schnell gehen muss, ganz egal, was ich gerade tue.

Ich will ja nicht behaupten, dass man zum „rücksichtslosen Arschloch" verkommen soll. Es geht letzten Endes ausschließlich darum, sich Prioritäten zu setzen und auf sein eigenes Gefühl zu hören. Du kannst Dein Leben nur zu einem Meisterwerk voller guter Gefühle machen, wenn Du wirklich liebst, was Du die meiste Zeit des Tages über tust.

Ansonsten ist es kein Leben, sondern eine Pflicht. Und sorry: Ich kann dem Wort „Pflicht" irgendwie nicht allzu viel Positives abgewinnen, und ich behaupte: Das kannst Du auch nicht!

Warum nicht mal jemand anderem gute Gefühle bereiten?

Hey, das sollst Du wirklich tun! Gibt es Dir nicht einfach ein wunderbares Gefühl, wenn Menschen, die Du von Herzen magst, sich aufrichtig freuen, dass Du da bist? Klar, oder?

Dafür braucht es Deine Präsenz und Deine Energie!

Menschen spüren und wissen instinktiv genau, wann etwas ernst gemeint ist und wann nicht.

KAPITEL 12

Du kannst einen Menschen, den Du nicht aus vollem Herzen schätzt, unmöglich die gleichen guten Gefühle bereiten wie einem heißgeliebten Menschen, dessen Anwesenheit Du in beinahe jedem Moment genießt! Höre jetzt gerade mal auf Dein Herz:

Das ist nicht logisch und auch nicht subjektiv: Das ist eine Wahrheit, die die meisten Menschen am liebsten verdrängen würden, um sich nicht ihren eigenen Fehlern stellen zu müssen.

Was aber kannst Du jetzt tun? Vielleicht kannst Du jetzt gerade im Moment gar nichts tun. Aber beim nächsten Anruf, bei dem es um ein Treffen geht, auf das Du eigentlich gar keine Lust hast. Du musst ja nicht „verletzend ehrlich" sein, wenn Du das Gefühl hast, dass es die andere Person nicht verträgt. Doch es tut unglaublich gut, auch mal zu sagen:

„Hey, ich habe im Moment ganz andere Prioritäten in meinem Leben. Ich konzentriere mich auf XY, und momentan will ich andere Dinge tun. Habe bitte Verständnis dafür, ich werde mich melden, wenn ich das Bedürfnis danach habe!"

Ich weiß, ich weiß, das klingt für die meisten Leute schon viel zu hart. Aber verdammt: Das ist ehrlich!

Kann man dadurch auch Menschen verlieren? Ja! Und das ist auch gut und richtig so! Du wolltest diese Leute doch eh nicht treffen, oder?

KAPITEL 12

Warum handeln viele dann anders und versuchen, solche unerwünschten Leute zu verschonen, bzw. tun Dinge, auf die sie eigentlich keine Lust haben?

Weil wir Menschen meist die Einsamkeit als äußerst unangenehm wahrnehmen und gerne einen Vorrat für schlechte Zeiten haben. Doch das ist nicht nur Selbstbetrug, das ist vor allem unlogisch, wenn man mal genauer darüber nachdenkt. Gerade wenn Du Zeit hast, Dich um die Menschen und Dinge zu kümmern, die Dir wirklich wichtig sind, wachsen intensive Beziehungen heran, die Dich viel mehr vor Einsamkeit und schlechten Zeiten schützen können, als es jede Pseudofreundschaft dieser Welt es könnte. Genieße so viele Momente des Lebens, wie Du nur kannst, ob alleine oder mit Menschen, die Du schätzt und respektierst.

KAPITEL 12

Fazit aus diesem Kapitel:

Sei ein liebevoller Mensch, der für seine Mitmenschen da ist, aber lass Dich von niemandem für seine eigenen Zwecke „benutzen", sodass Du das Gefühl hast, dabei zu kurz zu kommen oder den falschen Weg zu gehen.

Manche Menschen fordern von anderen gerne mehr, als sie selbst geben, und vor solchen Menschen musst Du Dich in Deinem eigenen Leben hüten. Tu außerdem nichts für andere Menschen nur aus einem falschen Pflichtgefühl heraus. Ein Mensch, der nicht Dein bester Freund ist, aber Dir stundenlang mit negativen Dingen die Ohren „vollheult", wird Dich definitiv nicht weiterbringen. Lerne, Dir gesunde Grenzen zu setzen und Dich selbst zu schützen!

Frage Dich, lieber Leser:

- In welcher Situation sollte ich definitiv jemand anderem voller Anteilnahme zuhören, weil es mir wichtig ist, und in welcher Situation in der Vergangenheit habe ich vielleicht nur zugehört, weil ich mich nicht getraut habe, die Situation einfach zu verlassen?
- Bei welchen Menschen ist es mir persönlich wichtig, zuzuhören und auch mal über Probleme zu sprechen, und bei welchen nicht?

KAPITEL 12

Was solltest Du vermeiden?

- Führe keine langen Gespräche, die Du hinterher bereust, weil sie Dich eine große Menge Energie gekostet haben.
- Lass es nicht zu, dass jemand, der seine Probleme sowieso nicht lösen will, Dir stundenlang von seinen Problemen erzählt. Schütze Dein Gehirn!

Was führt zum Erfolg?

- Eine gesunde Balance ist in diesem Fall das Wichtigste. Familienmitgliedern, wichtigen Freunden und anderen nahstehenden Menschen, die man lieb hat, sollte man uneingeschränkt zuhören. Auch Menschen, die in einer Notlage sind oder bei denen man einfach spürt, dass es jetzt wirklich angebracht ist. Aber keinen „Quälgeistern", die in ihrem Leben nichts anderes zu tun haben, als zu meckern, zu meckern und zu meckern!

KAPITEL 13

Kapitel 13 – Du bist genau wie Deine Freunde

„Die Wesensart verändert sich nach dem Umfeld, in dem man lebt und wirkt." – Ramakrishna

Wie viel Geld verdienst Du eigentlich? Wie sportlich bist Du? Wie ernährst Du Dich? Wie zufrieden bist Du mit Dirselbst?

Ganz egal, was auch immer Du auf diese Fragen antwortest:

Bei Deinen engsten Freunden ist es mit ziemlicher Sicherheit ganz ähnlich wie bei Dir! Oder???

Denke doch mal kurz darüber nach ...

Die Menschen, mit denen Du Dich täglich umgibst, haben einen riesigen Einfluss auf Dich, und Du kannst Dich nicht mal dagegen wehren!

Vielleicht haben bei Dir während des letzten Satzes ein wenig die Alarmglocken geläutet, und Du hast gedacht: „Klar kann ich mich wehren und mein eigenes Leben selbstbestimmen. Meine Freunde sind verschieden und haben keinen Einfluss darauf, ob und wie ich etwas aus meinem Leben mache."

Darum lass uns meiner Behauptung doch mal ein bisschen auf den Grund gehen.

KAPITEL 13

Wieso haben die Menschen, mit denen Du regelmäßig viel zu tun hat, eine große Kontrolle über Dein Leben?

Nun, ich muss gestehen, ich fluche im Auto manchmal wie ein Verrückter. Ich merke das manchmal nicht einmal.(Anmerkung am Rande: Auch als Motivationstrainer bin ich sicherlich nicht perfekt.)

Da meine Freunde mich als meist sehr ausgeglichen und entspannt kennen, wundert sich so ziemlich jeder, deröfter mit mir fährt, über meine kleinen Wutausbrüche,wenn jemand mir die Vorfahrt nehmen will oder Leute vorbmir zu langsam fahren. Um es selbst zu verstehen, habe ich dieses Verhalten vor einiger Zeit verschiedenen NLP-Trainerngeschildert, die auch prompt eine Antwort parat hatten.

Um die Antwort zu verstehen, musst Du zuerst wissen, wodurch wir Menschen am meisten und schnellstenLERNEN.

Glaubst Du es sind Bücher? Audios? Videos? Newsletter? Nein! Wir Menschen lernen am intensivsten und automatisch durch IMITATION (wie schon an anderer Stelle in diesem Buch beschrieben)! Genau aus diesem Grund sind sich langjährige Freunde auch meistens irgendwann ähnlich. Und genaudaher kommt der berüchtigte Satz: „Du bist genau wie Deine Mutter/Dein Vater!" Um den Zusammenhangkomplett verständlich zu machen:

KAPITEL 13

Meine Mutter fluchte ständig im Auto, und ich saß als kleiner Junge auf dem Rücksitz und bekam es natürlich bewusst und unbewusst immer mit.

Das soll nun keine Entschuldigung für mein eigenes Fluchen im Auto sein, an dem ich durchaus arbeite (lach).

Aber es ist die Ursache. Und wie Du schon über mich erfahren hast, war ich früher ein sehr starker Negativdenker und Pessimist. Es ist kein Wunder, dass sich fast mein gesamter Freundeskreis geändert hat.

FAST mein gesamter Freundeskreis. Es sind wenige Leute geblieben, die sich ebenfalls verändert haben. Alle, die noch genauso denken wie ich damals, habe ich immer noch gerne, und es sind herzensgute Leute. ABER ich kann nichts mehr mit ihnen anfangen, was mich wirklich erfüllt.

Ist das schade oder traurig? Nein, das ist die Realität und eine Wahrheit des Lebens, die uns Hollywood und Disney ganz anders erzählen wollen. Die meisten Leute glauben, dass sie sich nicht von alten Freunden trennen können, weil Erinnerungen an dieser Beziehung hängen. Das ist verständlich, und es wäre ja auch totaler Quatsch, sich von Leuten zu trennen, nur weil sich etwas im eigenen Leben verändert hat.

Wenn Du aber in Deinem Leben wirklich etwas zum Positiven verändern willst, wird es NEIDER geben. Es wird Leute geben, die es schlecht finden, dass Du Dich veränderst.

KAPITEL 13

Es wird Leute geben, die Dir mit eindrücklichen Worten zuverstehen geben wollen, dass Du keine Chance hast, Dichzu verändern.

Deshalb rate ich Dir von Herzen: Halte Dich von Menschen fern, die nicht an Dich und Deine positiven Ziele glauben und Dichwieder auf ihr eigenes „Niveau" herunterdrücken möchten.Solche Menschen meinen es nicht böse, aber sie sind Giftfür eine schnelle Entwicklung der eigenen Fähigkeiten.

Falls Du das Gefühl hast, dass eine bestimmte Person inDeinem Leben Dich immer wieder Energie KOSTET, anstatt Dir Energie zu LIEFERN, dann halte Dich doch einfach mal versuchsweise eine Zeit lang von ihr fern. Das können vier Wochen oder auch nur ein paar Tage sein. Prüfefür Dich, ob Dir die Kontakte, die Du hast, wirklich guttun und ob sie förderlich für Dein eigenes Leben sind.

Sieh es als Experiment an. Hier geht es übrigens absolut NICHT darum, dass Du Menschen hinterfragst, die Du tief in Dein Herz geschlossen hast und von denen Du sowieso überzeugt bist, dass sie gut für Dich sind. NEIN!

Es geht ausschließlich um die Fälle, in denen Du Dirvielleicht selbst nicht sicher bist und bei denen DuUnzufriedenheit spürst.

KAPITEL 13

Und wenn Du möchtest, dann beobachte mal Menschen, die viel miteinander zu tun haben. Wenn Du in Freundeskreise hineinschaust, dann wirst Du immer wieder ähnliche Denkmuster und Verhaltensweisen erleben. Eine gesunde Veränderung gestaltet sich wesentlich einfacher, wenn Du dabei Menschen um Dich hast, die an Dich glauben und Dich in Deinem Leben unterstützen!

KAPITEL 13

Fazit aus diesem Kapitel:

Menschen sind fast ausschließlich mit anderen befreundet, die „erfolgsmäßig" auf der gleichen oder einer ähnlichen Welle sind. Wenn Du Dich nun aufmachst und größere Ziele erreichen willst, wird es Dir passieren, dass manche Menschen aus Deinem „alten Freundeskreis" versuchen, sich Dir in den Weg zu stellen und Dich aufzuhalten. Das machen sie nicht etwa, weil sie Dir den Erfolg nicht gönnen, sondern weil sie Dich nicht verlieren möchten. Hier musst Du selbst für Dich entschieden, wer Dir wirklich wichtig ist und wer nicht.

Säge keine echten Freunde ab zugunsten irgendeines Erfolgs, aber lass Dich auch nicht von Menschen aufhalten, die ihr Leben selbst nicht auf die Reihe bekommen und Dich „unten" halten wollen!

Frage Dich, lieber Leser:

- Um wie viel höher will ich hinaus, als mein Freundeskreis und ich aktuell im Leben stehen?
- Wer aus meinem Freundeskreis ist mir wirklich von Herzen wichtig, und welche Menschen fressen eher meine Energie auf und stehen mir und meiner Entwicklung im Weg?

KAPITEL 13

Was solltest Du vermeiden?

- Höre nicht auf gut gemeinte Ratschläge wie: „Das schaffst Du doch sowieso nicht, bleib mal auf dem Teppich!", oder: „Schuster bleib bei Deinen Leisten", oder: „Wer hoch fliegt, der fällt auch tief!"

Was führt zum Erfolg?

- Halte weiterhin Kontakt zu allen Menschen, die Dir wirklich wichtig sind (auch zu denjenigen, die mal negativ sind; hier musst Du lernen, auf Dein Herz zu hören), aber höre auf keinen Fall auf Aussagen, die verhindern wollen, dass Du in Deinem Leben in die Richtung Deiner großen Herzensziele gehst!

KAPITEL 14

Kapitel 14 – Das transformatorische Vokabular

„Worte und Zauber waren ursprünglich ein und dasselbe. Auch heute besitzt das Wort eine starke magische Kraft." – Sigmund Freud

Worte können die Stimmung in einem Gespräch, in einem Konflikt oder auch in einer Beziehung zwischen zwei Menschen von einem auf den anderen Moment für immer verändern. Wo vorher Friede war, kann nachher nur noch Schutt und Asche sein. Und umgekehrt.

Mit den richtigen Worten kann ein jahrelang schwelender Konflikt zwischen zwei Parteien in einer einzigen Sekunde zum Positiven gelöst werden. Worte haben die Macht, unser Leben zu einem Himmel oder zu einer Hölle zu machen. In diesem Kapitel wirst Du das sogenannte transformatorische Vokabular kennenlernen.

Hierzu eine Frage an Dich: Redest Du manchmal in Gedanken mit Dir selbst? Natürlich tust Du das. Man nennt das „internen Dialog", und wir Menschen können gar nicht anders, als unsere sämtlichen Überlegungen in einem internen Dialog stattfinden zu lassen. Manchmal sind wir uns unseres internen Dialoges nicht mal bewusst, und trotzdem führen wir ihn.

Dabei kannst Du eine ganze Menge mit Deinen Gefühlen anstellen, je nachdem, wie Du mit Deinem internen Dialog umgehst und welche Worte Du wählst. Regst Du Dich beispielswiese über einen anderen Menschen auf,

KAPITEL 14

dann hört es natürlich niemand anderes, wenn Du in Deinen Gedanken die schlimmsten Kraftausdrücke verwendest. Denken „darf" man schließlich alles, was man will. Die Gedanken sind frei.

Ja, das ist einerseits völlig richtig, und andererseits steuerst Du mit den Worten, die Du denkst, Deine Emotionen und die Intensität Deiner Emotionen. Die Wortwahl spielt hierbei eine ganz entscheidende Rolle.

Beispiel: Stelle Dir vor, Du bist im Auto unterwegs zu einem wichtigen Termin, wie z.B. einem Vorstellungsgespräch, einem Date oder Deinem Urlaubsflieger am Flughafen. Die Zeit ist knapp, und Deine „Pumpe" arbeitet schon ein wenig heftiger als sonst, d. h., Dein Herz schlägt etwas schneller, weil Du einfach aufgeregt bist.

Bereits jetzt hast Du im Auto unter anderem diese zwei Möglichkeiten, was Du denken könntest:

1. „Bleibe locker, Du kannst es eh nicht ändern. Fahre einfach hin, das wird schon klappen."
2. „Die behinderte Kuh vor mir soll mal gefälligst Platz auf der linken Spur machen! Ich schaffe das nie! So eine verfluchte Scheiße!"

Wie Du vielleicht bemerkst, habe ich es mit der „Political Correctness" nicht so genau genommen und lieber Wert darauf gelegt, möglichst originalgetreu darzulegen, was viele Menschen wohl denken würden.

KAPITEL 14

Nun, lieber Leser, eine kleine Quizfrage:

Welche der beiden möglichen Gedankengänge löst das angenehmere Gefühl in Dir aus, wenn Du ihn denkst?

Logisch: Antwort 1. Sie beruhigt und gibt Dir das Gefühl, dass alles gut wird und Du im Grunde alles unter Kontrolle hast.

Antwort 2 hingegen verstärkt noch Deine Wut und bewirkt nur, dass noch mehr Adrenalin ausgeschüttet wird. Wenn Du schon bei Antwort 2 warst, dann darf nun wirklich nichts mehr schiefgehen, denn sonst könnte es passieren, dass Dein ganzer Tag verdorben ist, weil Du Dich derart in Deinen Ärger hineingesteigert hast, dass es sich schon in Kopfschmerzen oder Übelkeit niederschlägt.

Worte machen Gefühle! Auch Gedanken! Auch Deine geheimsten Gedanken!

Solltest Du in Zukunft einmal so richtig aufgeregt sein, weil etwas völlig schiefläuft, dann versuche doch mal spaßeshalber, zu Dir selbst zu sagen, dass die Situation Dich „leicht verstimmt".

Das klingt zunächst wie Quatsch, der an den Haaren herbeigezogen ist, wenn man es selbst noch nicht am eigenen Leib getestet hat. Das weiß ich. Darum möchte ich Dich hiermit ermuntern, es beim nächsten Mal selbst zu testen, wenn eine solche Situation entsteht.

KAPITEL 14

Das Ergebnis wird sein: Dein Gefühl von Wut, Frustration oder Machtlosigkeit wird SOFORT kleiner. Worte wirken blitzschnell und magisch. Diese Technik klingt unglaublich banal und ist so leicht anzuwenden, und dennoch steigern sich die meisten Menschen in die schlimmsten Gefühle hinein, weil es intuitiv der einzige Weg ist, den sie kennen.

Aber das stimmt nicht. Du bist jederzeit in der Lage, andere Worte zu denken und damit Deine Gefühle entscheidend zu beeinflussen.

Wirst Du mit positiven Gefühlen im Rücken bessere und klügere Entscheidungen treffen, die für Deine Zukunft nützlicher und zielführender sind? Selbstverständlich wirst Du das!

KAPITEL 14

Hier folgt eine kleine Liste mit Aussagen und geeigneten Varianten zum Austausch:

Ich bin sauer auf Dich!	Ich bin etwas verwundert über Dein Verhalten!
Ich will nie wieder mit Dir reden!	Ich möchte im Moment eher für mich sein!
Ich bin total frustriert	Beim nächsten Mal wird das anders/besser laufen. Ich bin etwas irritiert.
Ich hasse XY	Im Moment bin ich nicht allzu gut auf XY zu sprechen!

Und so weiter und so weiter. Mir geht es hier übrigens ganz klar NICHT darum, dass Du nie wieder in Deinem Leben fluchen solltest, denn manchmal tut ja auch gerade das richtig gut und beruhigt. Aber in vielen Lebenssituationen machen solche „harten Worte" die eigenen Gefühle unangenehmer, als sie sein sollten.

Lerne, Deine Worte in Deinen Gedanken richtig einzusetzen, und Du hast damit eine weitere Möglichkeit, Deine Gefühle positiv zu beeinflussen und klügere Entscheidungen zu treffen.

KAPITEL 14

Auf der anderen Seite gibt es einige Power-Worte, die Dir und anderen Menschen stets Kraft und Fantasie verleihen.

Ich empfehle Dir einmal für eine Woche den folgenden Selbstversuch: Immer wenn Dich jemand fragt: „Wie geht es Dir?", antwortest Du nicht, wie Du es vermutlich aktuell tust, mit „Gut" oder „Muss ja irgendwie", sondern mit einem der folgenden Worte:

„Sensationell/Fantastisch/Gigantisch/Phänomenal/Extrem geil!"

Suche Dir eine der Varianten aus und antworte für wenigstens eine Woche immer damit, ganz unabhängig davon, wie es Dir aktuell wirklich geht. Du wirst merken, dass Du hierdurch Dein eigenes Gefühl ganz entscheidend beeinflussen kannst. Vielleicht nicht jedes Mal, aber wenn Du es Dir zur Gewohnheit machst, kraftvolle Worte zu verwenden, wirst Du Dich auch wesentlich kraftvoller fühlen und kraftvollere, positivere Entscheidungen für Dein Leben treffen!

KAPITEL 14

Fazit aus diesem Kapitel:

Worte sind so mächtig, dass nur geringe Veränderungen in Deiner Wortwahl zwischen Erfolg und Misserfolg bzw. zwischen Glück und Unglück entscheiden können. Starke negative Worte, wie z. B. „Unglück, Katastrophe, Angst, Befürchtung, Hass, Zorn, schlecht, sauer, wütend, frustriert, angepisst, Scheiße, Mist, Dreck" etc., werden Deine Gefühle stark negativ beeinflussen, sogar wenn Du Dir ihrer Wirkung bewusst bist!

Starke positive Worte, wie z. B. „fantastisch, super, toll, gigantisch, wunderbar, Liebe, Freude, herrlich, aufregend, leidenschaftlich, glücklich" etc., beeinflussen Deine Gefühle automatisch positiv.

Frage Dich lieber Leser:

- Gibt es eventuell Worte, die ich oft verwende und die ich in Zukunft gerne nicht mehr sagen/denken möchte und stattdessen durch ein positiveres Wort ersetzen will?
- Gibt es Menschen in meinem direkten Umfeld, die ständig Worte verwenden, die ihnen selbst und auch mir eher schlechte Gefühle machen, und kann ich etwas tun, um mich davor in Zukunft besser zu schützen?

KAPITEL 14

Was solltest Du vermeiden?

- Vermeide es, Dich in schlechten Gefühlen zu „suhlen" wie ein Schweinchen im Schlamm ;). Um von schlechten Gefühlen zu guten zu kommen, ist es sehr entscheidend, dass Du selbst Interesse daran hast und die schlechten Gefühle keinesfalls „genießt" (das tun viele Menschen unbewusst, obwohl sie es gar nicht wollen).

Was führt zum Erfolg?

- Gewöhne Dir an, öfter starke positive Worte zu verwenden. Damit kommst Du zwar nicht überall sofort gut an (vor allem in Deutschland ist das manchmal schwierig, da die Deutschen manchmal ein recht zurückhaltendes Volk sein können), aber Du wirst Dich nach einer gewissen Zeit selbst kraftvoller fühlen und Menschen um Dich herum vereinen, die es mögen, positiv gestimmt zu sein!

Teil 4

Die interdependente Welt

„Die Eitelkeit ist die unwillkürliche Neigung, sich als Individuum zu geben, während man keins ist; das heißt als unabhängig, während man abhängt. Die Weisheit ist das Umgekehrte: Sie gibt sich als abhängig, während sie unabhängig ist." – Friedrich Nietzsche

KAPITEL 15

Kapitel 15 – Den richtigen Mix aus Erfolgsstreben und Glück finden

„Da es sehr förderlich für die Gesundheit ist, habe ich beschlossen, glücklich zu sein." – Voltaire

Er schlief im Büro, arbeitete ca. 22 Stunden am Tag und ließ nichts unversucht, die größte Software-Firma der Welt ins Leben zu rufen. Bill Gates wurde bekannt als der Gründer von Microsoft und ist heute der reichste Mann der Welt.

Viele junge Unternehmer versuchen heutzutage, ihm und seiner Geschichte zu folgen. Sie wissen ganz genau, dass es absolut notwendig ist, sich verbissen in die Arbeit zu knien und jede freie Minute der Arbeit zu widmen, um ans Ziel zu kommen. Sie bemitleiden andere, die das gleiche Ziel haben, aber eventuell bereits eine Familie gegründet haben (ob mit Absicht oder nicht) und die Wochenenden lieber damit verbringen, Ausflüge mit ihren Kindern zu unternehmen.

„Das ist eben der Preis, der für überdurchschnittliche Erfolge gezahlt werden muss!", ist ein beliebter Satz unter den sogenannten Erfolgsmenschen. Wer morgens als Erster da ist und abends am längsten bleibt, ist der größte Held im Büro. Und der eigenen Karriere tut es sowieso gut.

KAPITEL 15

Ist es möglich, mit diesem Vorgehen den schnellstmöglichen beruflichen Erfolg zu erzielen? Ja, ganz klar! Sehr viele nachweislich erfolgreiche Menschen haben es genauso gemacht.

Steve Jobs gilt auch noch Jahre nach seinem Tod als einer der inspirierendsten Unternehmerpersönlichkeiten auf diesem Erdball. Jeder, der mit ihm zusammengearbeitet hat, schildert seine Genialität, aber auch wie schwierig es war, mit ihm persönlich umzugehen.

Steve Jobs schrieb persönliche Abschiedsworte an die Nachwelt, die nach seinem Tod veröffentlicht werden sollten. Da sie perfekt in dieses Kapitel passen und sehr inspirierend sind, findest Du sie hier noch einmal vollständig zum Nachlesen:

„Ich habe den Gipfel des Erfolgs in der Geschäftswelt erreicht. In den Augen der Menschen gilt mein gesamtes Leben als eine Verkörperung des Erfolgs. Jedoch abgesehen von meiner Arbeit, habe ich wenig Freude in meinem Leben. Letztendlich gilt mein Reichtum nur als Fakt des Lebens, an den ich gewohnt bin. In diesem Augenblick, wo ich in einem Krankenbett liege und auf mein ganzes Leben zurückblicke, verstehe ich, dass all die Anerkennung und all der Reichtum, worauf ich so stolz war, an Wert verloren haben vor dem Gesicht des kommenden Todes. In der Dunkelheit, wenn ich die grünen Lämpchen der Lebenserhaltungsmaschinen beobachte und mir das mechanische Brummen dieser Maschinen anhöre, fühle ich den Atem des Todes immer näher auf mich zukommen.

KAPITEL 15

Jetzt weiß ich, dass wir uns komplett andere Fragen im Leben stellen müssen, die mit Reichtum nichts gemeinsam haben ...

Es muss dort noch etwas sein, was sich uns als viel Wichtigeres im Leben erweist: womöglich ist es eine zwischenmenschliche Beziehung, womöglich auch Kunst, womöglich auch Träume in unserer Kindheit ...

Nonstop im Erreichen des Reichtums macht einen Menschen zu einer Marionette, was auch mir passiert ist. Gott hat uns solche Eigenschaften wie Gefühle für das Leben mitgegeben, damit wir das Gefühl der Liebe in jedes Herz bringen können. Es darf keine Illusionen bestehen bezüglich des Reichtums.

Den Reichtum, den ich im Laufe meines Lebens angehäuft habe, kann ich jetzt nicht mitnehmen. Was ich jetzt noch mitnehmen kann, sind Erinnerungen, die auf der Liebe basieren und mit Liebe erschaffen worden sind. Das ist der wahre Reichtum, der euch jedes Mal folgen muss, euch begleiten muss, der euch Kraft und Licht gibt weiterzugehen. Die Liebe kann wandern und reisen, wohin sie will. Denn genau wie das Leben kennt auch die Liebe keine Grenzen.

Geht dorthin, wo ihr hingehen wollt. Erreicht Höhepunkte in eurem Leben, die ihr erreichen wollt. Die ganze Kraft dafür liegt in eurem Herzen und euren Händen. ‚Welches Bett gilt als das reichste Bett der Welt?' – ‚Es ist das Bett eines Kranken.'

Ihr könnt euch vielleicht einen Chauffeur leisten, der für euch das Auto lenken wird. Oder ihr könnt euch Mitarbeiter leisten, die für euch das Geld verdienen.

KAPITEL 15

Niemand aber wird für euch all eure Krankheiten mittragen können. Das müsst ihr ganz alleine. Materielle Werte und Sachen, die wir mal verloren haben, können wiedergefunden werden. Es gibt aber eine Sache, die, wenn sie verloren geht, nicht wiedergefunden werden kann – und das ist DAS LEBEN.

Wenn ein Mensch sich einem Operationstisch zubewegt, dann versteht er auf einmal, dass es noch ein Buch gibt, das er noch nicht zu Ende gelesen hat – und das ist ‚Das Buch über ein gesundes Leben'.

Es ist nicht wichtig, in welcher Lebensetappe wir uns gerade befinden. Jeder von uns wird früher oder später zu diesem Moment kommen, wo der Vorhang für ihn fallen wird.

Dein Reichtum das ist die Liebe zu deiner Familie, das ist die Liebe zu deiner Frau und deinem Mann, das ist die Liebe zu deinen Nächsten.

Passt auf euch auf und sorgt euch um die anderen."

Entweder ganz oder gar nicht – das große Missverständnis

Vielen Menschen fällt es schwer, einen gesunden Mix aus Karriere, Erfolg und Privatleben zu finden. Der Begriff „Work-Life-Balance" ist in aller Munde, und einige Coaches verdienen sich eine goldene Nase an gestressten Managern, die nicht wissen, wo hinten und vorne ist.

KAPITEL 15

Im Job müssen sie höchsten Anforderungen genügen, und zu Hause wird ihnen vorgeworfen, dass sie sich zu wenig Zeit für die Familie nehmen. Beides ist ihnen aber wichtig. Was ist hier der optimale Weg? Kann man tatsächlich eine zufriedenstellende Lösung finden, die das Gefühl vermittelt, alles zu schaffen?

Nun, im Leben ist es generell so: Du kannst sehr viel mehr schaffen, als die Gesellschaft Dir zutraut, aber es gibt natürliche Grenzen. Der Tag hat 24 Stunden für uns alle. Die meisten Menschen arbeiten etwa acht Stunden und brauchen etwa 60 Minuten für den Weg zur Arbeit und zurück. Zusätzlich schlafen sie etwa acht Stunden. Damit sind schon einmal 17 von 24 Stunden vorbestimmt.

Viele Menschen hegen insgeheim den Traum, „aus dem Hamsterrad auszubrechen" und ihr eigenes Ding zu machen: Sie möchten am liebsten dem Chef noch ein schönes Leben wünschen und von zu Hause aus arbeiten, auswandern oder etwas ganz anderes tun.

Ist das aber wirklich für alle Menschen ein Weg, der sie erfüllt und glücklich macht? Sicherlich nicht für alle.

Wer selbstständig oder Unternehmer ist, muss sich selbst motivieren, ständig eigene Entscheidungen treffen und sich „durchboxen" können. Das ist sicher für einige, aber noch lange nicht für jeden Menschen das Richtige.

Für mich selbst gibt es keinen anderen möglichen Lebensweg, da ich den starken Drang habe, eigene Projekte voranzutreiben. Dieses Buch, das Du

KAPITEL 15

gerade in Deinen Händen hältst, ist z. B. ein absolutes Herzensprojekt von mir, und ich musste mir natürlich genau überlegen, wie ich beim Schreiben meine „Work-Life-Balance" erhalte.

Ich habe mich für folgenden Weg entschieden:

Für das Schreiben eines solchen Buches brauche ich insgesamt weniger als zwei Wochen. Ja, da bin ich zugegebenermaßen recht schnell. In dieser Zeit mache ich fast nichts anderes, als mich mit diesem Buch zu beschäftigen, und lebe komplett in der „Welt meines Buches". Ich bin kaum ansprechbar für meine Partnerin und knie mich zu 100 % hinein, verschanze mich in meinem kleinen Büroraum und schreibe, schreibe, schreibe. Zwischendurch recherchiere und lese ich ein bisschen und schreibe dann weiter.

Ist dieses Tempo auf Dauer durchzuhalten und gesund?

Dauerhaft sicher nicht, aber während eines Herzensprojektes, das man wirklich gerne macht, kann man ein ganz erstaunliches Arbeitstempo vorlegen, das einen nicht schlaucht oder anstrengt.

Danach gönne ich mir eine kleine Erholungspause von ungefähr einer Woche, in der ich viel in der Natur spazieren gehe und dreimal täglich gemeinsam mit meiner Frau und meinem Sohn esse. Wir gehen dann drei- bis viermal in der Woche wandern, denn die Natur lässt mich runterkommen und durchatmen. Dort fühle ich mich besonders lebendig.

KAPITEL 15

Nach der Fertigstellung dieses Buches plane ich, etwa drei Monate am Stück Vollgas zu geben mit einem Projekt, das mich aktuell total begeistert. Anschließend werde ich zwei volle Monate lang Urlaub machen und mit meiner Frau Hannah und meinem Sohn Ben in einem Wohnmobil durch Spanien touren und das Land entdecken.

Und vielleicht kennst Du es aus eigener Erfahrung, was passiert, wenn man mal eine längere Zeit NICHTS tut und sich einfach entspannt. Folgendes tritt dann ein:

Auf einmal entstehen Ideen, und ein unglaublicher „Drive" sorgt dafür, dass man total Lust hat, endlich wieder etwas zu tun. Auch Menschen, die sich vollkommen ausgelaugt fühlten und kurz vor dem Burnout standen, fühlen sich nach einem längeren Urlaub wieder voller Power und haben so richtig Lust, endlich wieder ein neues Projekt anzugehen, für das sie brennen.

Sind also drei Monate durcharbeiten und dann zwei Monate Pause ein perfekter Rhythmus für jeden Menschen? Will ich das damit ausdrücken? Natürlich nicht! Jeder Mensch muss seinen eigenen Rhythmus finden mit Phasen, in denen es ihm Spaß macht zu arbeiten, und Zeiten, in denen er genügend freie Zeit für all die anderen schönen Dinge im Leben hat.

Manchen macht es auch einfach Spaß, sich ein ganzes Jahrzehnt lang ihrer Arbeit zu widmen und etwas Großes aufzubauen. Aber beruflicher Erfolg ist eben nur eine Facette, die es im Leben zu entdecken gilt.

KAPITEL 15

Solltest Du Dich momentan in einer Lebenssituation befinden, in der Du z. B. einen Beruf ausübst, der Dir keinen Spaß macht, dann möchte ich Dir ernsthaft nahelegen, so schnell wie möglich diese Lebenssituation zu ändern. Derzeit (Frühjahr 2017) haben wir in Deutschland ein ganz hervorragend funktionierendes Sozialsystem, und kein Mensch muss hungern oder draußen schlafen. Deshalb hast Du immer die Möglichkeit zu sagen: „Stopp, jetzt reicht's. Ich werde so nicht weitermachen und ab jetzt etwas anderes tun!"

Für viele Menschen steht der aktuelle Lebensstandard, den sie sich aufgebaut haben, dem entgegen. Sie wollen ihren geliebten Audi A4 nicht aufgeben, um stattdessen einen kleinen Fiat Panda zu fahren.

Denn wie sähe das denn vor den Nachbarn und Freunden aus, die bisher das Gefühl hatten, dass es ihnen doch gut geht? Wie sollten sie das denn erklären?

Und so halten sich manche Menschen jahrzehntelang selbst gefangen in einem Gefängnis, aus dem sie eigentlich jederzeit ganz leicht ausbrechen könnten, wenn sie einfach mal auf ihr Herz anstatt auf ihren Stolz hören würden.

Was ist wichtiger? Dein Lebensstandard und was andere über Dich denken oder die Erfüllung Deiner Träume?

Was ist wichtiger? Absolute Sicherheit im Leben oder die Erfüllung Deiner Träume?

KAPITEL 15

Was ist wichtiger? Beruflich extrem erfolgreich zu sein oder die Erfüllung Deiner Träume? (Falls es nicht Deine absolute Erfüllung ist, beruflich erfolgreich zu sein. Das kann bei manchen Menschen auch der Fall sein.)

Ich möchte Dir keine Antworten auf diese Fragen vorschreiben, und mir geht es auch nicht darum, so etwas wie einen „perfekten Lebensweg" aufzuzeigen, denn so etwas gibt es nicht. Die Welt und das Leben sind einfach mehr als Schwarz und Weiß, und Du hast im Leben die Möglichkeit, die verschiedensten Pfade zu beschreiten.

Aber pass auf, dass Du DEINEN EIGENEN Weg gehst, der sich für Dich richtig anfühlt. Dafür ist es manchmal notwendig, die Route zu ändern und neue Pfade zu beschreiten. Manchmal fühlt sich ein bestimmtes Ziel jahrelang richtig an, und sobald Du es erreicht hast, ist es auf einmal ein ganz anderer Lebensweg, der in Dir Aufregung und Glücksgefühle erweckt.

Niemand kann Dir Deinen Lebensweg, Deine Vision und Deinen Traum sagen. Niemand kann für Dich entscheiden, und Du darfst bitte auch niemals zulassen, dass irgendjemand für Dich diese Entscheidungen trifft.

KAPITEL 15

Fazit aus diesem Kapitel:

Lass Dich von der Gesellschaft und den zahlreichen unterschiedlichen Lebensentwürfen bitte nicht verrückt machen. Du musst nicht aus der Masse herausstechen, indem Du extrem viel arbeitest oder verrückte Dinge tust. Das Einzige, um das es geht, ist, dass Du Deinen eigenen Weg gehst. Wenn dieser etwas verrückt ist oder Du extreme Leistungen vollbringen WILLST (aus vollstem Herzen), dann gehe genau diesen Weg! Aber finde Deinen eigenen Weg und lerne, auch mit wenig zufrieden und glücklich zu sein, selbst wenn Du viel willst oder gar bereits hast!

Frage Dich lieber Leser:

- Wie kann ich es schaffen, beruflich erfolgreich zu sein, aber gleichzeitig meine Hobbys und meine Familie so „unter einen Hut zu bringen", dass ich wirklich zufrieden und glücklich bin?
- Was ist mir wirklich wichtig in meinem Leben? Worauf sollte ich den größten Fokus legen, und wie kann ich dies ermöglichen?

KAPITEL 15

Was solltest Du vermeiden?

- Vermeide es, in die „Du bist toll, WENN Du …"-Falle zu tappen und Dich wie ein Irrer abzurackern, um der Gesellschaft irgendetwas zu beweisen. Wenn Du es DIR SELBST beweisen willst, dann ist das fantastisch und führt zum Glück! Aber lass Dir von niemandem auf dieser Welt erzählen, dass Du erst etwas taugst, wenn Du XY erreicht hast.

Was führt zum Erfolg?

Ganz genau zu wissen, was Du willst, und diesen Lebensweg dann konsequent zu gehen. In den richtigen Momenten Nein zu sagen, und das auch zu solchen Gelegenheiten, die äußerst verlockend klingen, aber nicht im Einklang mit Deinen wahren Werten und Zielen stehen!

Kapitel 16 – Menschen lieben lernen

„Liebe das Leben und es wird Dich zurücklieben. Liebe Menschen und sie werden Dich zurücklieben." – Arthur Rubinstein

Dieser Teil meines Buches heißt nicht umsonst „Die interdependente Welt", denn meiner Einschätzung nach vergessen leider sehr viele Ratgeber über Glück und Erfolg im Leben genau diesen Umstand.

Du kannst Deinen nächsten Tag noch so perfekt planen, es werden dennoch Dinge dazwischenkommen, die nicht nur Zeit, sondern vor allem auch Energie kosten, und diese Dinge werden sich nicht aufschieben lassen. Dies gilt nicht nur für Eltern oder Menschen, die sich privat um andere kümmern, sondern auch für den alleinstehenden Selbstständigen, der von zu Hause aus am Laptop arbeitet.

Unser Leben ist zu komplex, als dass man es in ein einfaches System packen könnte, das man für sich selbst einmal aufgesetzt hat und das dann uneingeschränkt und dauerhaft funktioniert.

Rechts und links gibt es immer Ablenkungen. Manchmal ist es auch völlig richtig, diesen Verführungen nachzugeben und das Leben einfach zu genießen. Damit meine ich, dass man auch in der strengsten Diät zwischendurch einmal nachgeben darf, bevor man womöglich beginnt durchzudrehen und die eigenen Kinder anschreit oder sonst einen Unfug veranstaltet.

KAPITEL 16

Lebe Dein Leben gerne erfolgreich, aber bemühe Dich, nicht zu verbissen zu sein, selbst wenn dies manchmal zu gewissen Erfolgen führt. Es sei hier an viele erfolgreiche Menschen erinnert, die sogar ihre eigene Partnerschaft dem Erfolg geopfert haben. Manchmal vollkommen zu Recht, doch manchmal war es im Nachhinein auch schade drum.

Das Leben umfasst zu viele Bereiche, als dass wir die vollständige Kontrolle erlangen könnten. Die Kunst liegt nicht darin, es zu schaffen, sein Leben unter Kontrolle zu haben, sondern zu genießen, dass es eben keine Kontrolle geben kann. Nur wer im schlimmsten Sturm entspannt bleibt, kann sein Leben wirklich genießen, denn Stürme werden hin und wieder kommen, das ist das Normalste der Welt.

Begegnung mit einem strahlenden Stern

Stelle Dir vor, Du befindest Dich mit Deinem Auto auf der linken Spur der Autobahn und hast es eilig. Vor Dir fährt ebenfalls auf der linken Spur ein Kleinwagen mit 120 km/h und macht Dir keinen Platz. Du rückst ihm etwas näher auf die Pelle, aber er macht noch immer keine Anstalten, die Spur frei zu machen. Rechts überholen kannst Du ihn auch nicht.

<u>Zwei Fragen dazu:</u>

1. Wie fühlst Du Dich?
2. Welche (bösen) Namen hast Du dem Fahrer vor Dir in einer solchen Situation bereits gegeben?

KAPITEL 16

Vermutlich bist Du tatsächlich ziemlich sauer auf den Fahrer vor Dir und fragst Dich, warum er so unglaublich unsozial ist und Dich einfach nicht vorbeilässt, obwohl es Dein gutes Recht ist.

Nun drehen wir den Spieß einmal um und versetzen uns in den Fahrer vor Dir, der vielleicht gerade zum ersten Mal in seinem Leben 120 km/h fährt und sich im Temporausch befindet. Das ist zumindest möglich. Und er fühlt sich in diesem Moment so schnell und kann überhaupt nicht verstehen, dass jemand hinter ihm NOCH schneller fahren will. Vielleicht hat er noch nicht einmal in den Rückspiegel geschaut, weil er sich eben sehr konzentrieren muss.

Was wäre, wenn Du diesen Gedanken hättest und den Fahrer vor Dir nicht mit wilden Namen, sondern als „strahlenden Stern auf seinem Lebensweg" bezeichnen würdest. Als einen besonderen Menschen. Als jemanden, der Respekt verdient hat, weil er sicherlich in seinem Leben auch vieles besser und richtiger macht als Auto fahren.

Würden sich dann Deine Nerven etwas beruhigen? Wie Du weißt, habe ich ein paar Jahre lang einen Porsche Panamera mit 400 PS gefahren, und ehrlich gesagt, bin ich liebend gerne auch mal auf der linken Spur mit 280 km/h über die Autobahn gebrettert. Das versetzte mir einen Adrenalinkick und hat mir einen Riesenspaß gemacht.

Und in dieser Zeit ist es mir öfter passiert, dass ein Kleinwagen, der einfach nicht schneller konnte, die linke Spur blockiert hat. Und manchmal blieb er

KAPITEL 16

auch dann noch mit knapp 100 km/h auf der linken Spur, als er längst wieder hätte rechts einscheren können.

In diesen Fällen half mir der Begriff „strahlender Stern auf seinem Lebensweg" immer sehr gut weiter. Denn wir begegnen im Leben immer mal wieder Menschen, deren Verhalten wir überhaupt nicht verstehen können, da es uns höchst unsozial und gemein erscheint und uns überhaupt nicht in den Kram passt.

Sich stundenlang nach Herzenslust aufregen?

Es ist zumindest verlockend, sich über Menschen, die unhöflich, unfreundlich oder sogar noch unangenehmer zu uns waren, nach Herzenslust aufzuregen und immer wieder zu betonen, „was das doch für ein Idiot war".

Aber immer, wenn wir das tun, geht es uns selbst ein kleines Stückchen schlechter. Vielleicht bist Du selbst so feinfühlig, dass Du es schon einmal am eigenen Leib gespürt hast, wie Deine Energie schwindet, wenn Du negativ über einen anderen Menschen sprichst, ganz egal, ob Du ihn kennst oder nicht. Das kostet wertvolle Energie, die Du auch für etwas Positives verwenden könntest.

Die glücklichsten Menschen auf der Welt sind meistens diejenigen, die schnell verzeihen und vergessen können und sich selbst nicht allzu wichtig nehmen.

KAPITEL 16

Egal, was Dir irgendjemand im Leben antut, Groll gegen diese Person zu hegen, schadet nur Dir und niemand anderem. Wenn es jemanden in Deinem Leben gibt, auf den Du aktuell oder sogar schon seit Jahren sauer bist, dann musst Du dieser Person ja nicht ins Gesicht sagen, dass Du ihr verzeihst, wenn Du das nicht möchtest.

Aber es erleichtert ungemein, wenn Du es Dir selbst sagen kannst, dass Du dieser Person verzeihst, ganz egal, welche schlimmen Dinge sie Dir angetan haben mag. Ja, und damit meine ich sogar extrem schlimme Dinge. Ich will niemanden in Schutz nehmen und weiß, dass viel Schlimmes auf dieser Welt geschieht.

Doch es schadet nur Dir selbst und bündelt wertvolle Lebensenergie, wenn Du Groll mit Dir herumträgst. Dieser Groll nützt nämlich niemandem etwas. Er befindet sich in Deinem Körper als Blockade und lähmt Dich, Deine Entwicklung und Dein weiteres Leben, wenn Du nicht beschließt, loszulassen und zu verzeihen.

Der Fünftagesschnellkurs, den Du am Ende dieses Buches findest, enthält eine tolle Übung, um loszulassen. Sie hat schon vielen Menschen geholfen, Dinge loszulassen, die sie bisher in ihrem Leben mit sich herumgeschleppt hatten.

Es gibt noch eine weitere Technik, die Dir dabei helfen kann, ärgerliche Situationen in Deinem Leben schnell abzuhaken.

KAPITEL 16

Sollte Dich jemand einmal wirklich stressen, dann gehe tief in Dich (das geht auch, wenn Du diesem Menschen gegenübersitzt) und wünsche ihm ein gesundes, langes Leben.

Ja, Du hast richtig gelesen. Das klingt total verrückt, ich weiß, denn schließlich ärgerst Du Dich vielleicht gerade noch in diesem Moment ganz maßlos über diesen Menschen, und trotzdem sollst Du ihm ein langes, gesundes Leben wünschen? Ja! Probiere es selbst einmal aus und atme danach tief durch.

Du wirst bemerken, dass sich der tief sitzende Groll sofort lockert und Du Dich besser und handlungsfähiger fühlst.

Bedenke immer: Die meisten Menschen meinen es nicht böse mit dem, was sie tun, sondern glauben daran, dass sie im Recht sind und nach bestem Gewissen handeln, auch wenn Dir das manchmal unglaublich erscheint.

Ich wünsche Dir von ganzem Herzen, dass Du es schaffst, Menschen beschönigend als „strahlende Sterne" zu bezeichnen und Dir selbst damit jegliche Wut zu nehmen. Wenn Du wütend bist, schadest Du nur Dir selbst, Deinem Immunsystem und Deinen Nerven.

Entdecke die zahlreichen strahlenden Sterne, die sich alle viel Mühe geben!

KAPITEL 16

Fazit aus diesem Kapitel:

Jedes Gefühl, das Du auf einen anderen Menschen projizierst, ist in Wirklichkeit dennoch in DEINEM Körper und beeinflusst Dich. Wenn Du also jemanden hasst, dann ist der Hass in diesem Moment in Dir und nicht in diesem anderen Menschen. Das Gefühl von Hass schadet letztendlich nur Dir selbst und bringt Dich in keinem Fall weiter; es macht Dich im schlimmsten Falle nur unglücklich. Eventuell macht es Dich sogar unerträglich für Menschen, die gerade Zeit mit Dir verbringen. Darum ist es klug, nicht lange auf jemand anderen böse zu sein, denn dies führt nur sehr selten zu etwas Gutem und meistens nur zu noch schlechterer Laune.

Frage Dich lieber Leser:

- War ich schon einmal auf jemanden so wütend oder von jemandem so enttäuscht, dass ich stundenlang oder sogar tagelang an fast nichts anderes mehr denken konnte wie: „Warum hat er/sie mir das angetan?", oder Ähnliches? Haben mich diese Stunden/Tage wirklich weitergebracht, oder hätte es auch gereicht, wenn ich eine Möglichkeit gefunden hätte, nach nur 5 Minuten von meinen negativen Gedanken und Gefühlen wieder runterzukommen?

KAPITEL 16

Was solltest Du vermeiden?

- Wenn Du Dich das nächste Mal dabei erwischst, wie Du fluchst oder negative Gedanken hast, dann erinnere Dich daran, wie gut es tut, die Welt ganz liebevoll und mit einem Lächeln zu betrachten. Vermeide es, Dich in diesen negativen Gedanken weiterhin aufzuhalten, so als wären sie ein Teil von Dir, den Du nicht ändern kannst.

Was führt zum Erfolg?

- Lerne, andere Menschen als das zu betrachten, was sie sind: liebevolle Wesen die ihr Bestes geben, um ein würdiges und schönes Leben zu führen! Wenn Dir jemand etwas Unrechtes tut, dann geht es DIR am besten, wenn Du in solch einem Moment zunächst verzeihst und Verständnis aufbringst und erst DANN überlegst, was jetzt zu tun ist.

Kapitel 17 – Meditation für Ungeduldige

„Du solltest täglich 20 Minuten meditieren. Außer wenn Du zu beschäftigt bist. Dann solltest Du eine Stunde meditieren." – Altes Zen-Sprichwort

Wieso sollte ein Abschnitt über Meditation

1. in einem Buch über Erfolg und
2. in einem Kapitel über die interdependente Welt

zu finden sein?

Es ist zwar längst bekannt, dass sämtliche Spitzenmanager, Firmenchefs, Profisportler und viele andere Erfolgsmenschen die Meditation als „Tool" nutzen, um einen klareren Kopf zu bekommen und bessere Entscheidungen zu treffen. Dennoch haftet dem Thema immer noch etwas Fernöstliches an. Wer an Meditation denkt, sieht immer noch häufiger einen Mönch auf einem Sitzkissen vor sich als einen westlichen Erfolgsmenschen.

Doch was hat Meditation mit einer beweglichen, sich ständig wandelnden Welt zu tun, in der wir die verschiedensten Verpflichtungen haben und stets auf mehreren „Hochzeiten" tanzen müssen, um den sozialen Anforderungen gerecht zu werden, die man an uns stellt?

KAPITEL 17

Stille im Kopf lässt Dich bessere Entscheidungen treffen

Sind schon einmal in Deinem Leben „die Pferde mit Dir durchgegangen" und Du hast zu einem anderen Menschen etwas gesagt, was im Nachhinein betrachtet äußerst unklug war, wenn Du ehrlich zu Dir selbst bist?

Na klar ist Dir so etwas schon einmal passiert. Ich würde um sehr viel Geld wetten, dass das jedem schon einmal passiert ist, denn es ist absolut menschlich, zwischendurch mal Fehler zu machen.

Manche Menschen ärgern sich sogar ziemlich häufig über ihre Umwelt, irgendwelche Kollegen, den Chef, die eigene Familie, den Stau, die Politik, die verspätete Bahn und so weiter.

Menschen, die regelmäßig meditieren, sind hier anders. Sie haben gelernt, wie sie ihre Emotionen in andere Bahnen lenken können, und haben die Fähigkeit erlangt, sich in Sekundenschnelle wieder in einen ruhigen und entspannten Zustand zu versetzen, in dem sie klarer denken können.

Wie machen sie das? Indem sie auf eine ganz bestimmte Weise atmen und denken und immer wieder geübt haben, in kürzester Zeit in einen angenehmen und meditativen Zustand zu gelangen.

Genau DAS ist auch der Grund, warum Spitzenmanager heutzutage sogar darauf angewiesen sind, regelmäßig zu meditieren, um dem Druck ihres

KAPITEL 17

Jobs standzuhalten und sich dabei sogar wohlzufühlen. Wer den ganzen Tag knifflige Entscheidungen trifft und unzähligen Stressfaktoren ausgesetzt ist, braucht einen Ruhepol.

Manche Menschen joggen dann 10 km, denn auch das kann durchaus meditativ wirken und für einen klaren Kopf sorgen. Doch es gibt nichts Besseres, um den Geist frei zu machen, als ein paar Minuten in völliger Stille zu verbringen.

„Ich habe keine Zeit für Meditation!"

Dieses Argument kann ich total gut verstehen, denn ich habe es selbst früher immer vorgebracht, wenn mal wieder jemand versucht hat, mich zur Meditation zu bewegen. Meine Exfreundin besuchte während unserer Beziehung einen zehntägigen Vipassana-Kurs, und das war mir eindeutig zu extrem für mich und mein Leben.

Bei diesem Kurs spricht man zehn Tage lang kein einziges Wort und meditiert ca. zehn Stunden täglich. Als sie wiederkam, meditierte sie weiterhin jeden Tag zwei volle Stunden in einer Gruppe. Zwei Stunden am Stück den Mund zu halten und sich auf die eigenen Gedanken zu konzentrieren, das ist sicherlich für den normalen Laien eine ganz schön wahnwitzige Vorstellung.

Deshalb hielt ich mich von dem Thema fern. Diese Zeit wollte ich mir einfach nicht freischaufeln, denn ich hatte und habe in meinem Leben schließlich viele andere Dinge, die ich gerne mache, und zwei Stunden am Tag nur schweigen, das war nichts für mich.

KAPITEL 17

Eines Tages erzählte mir ein Unternehmerfreund dann von seiner Meditationsgewohnheit, die mich schließlich spontan dazu brauchte, es doch einmal selbst auszuprobieren.

Er meditierte täglich 15 Minuten lang. Dafür setzte er sich ruhig hin und konzentrierte sich eine Viertelstunde gezielt auf seinen Atem. Dabei saß er aber nicht im Schneidersitz auf einem Kissen, sondern gemütlich auf seiner Couch.

„Nur 15 Minuten, und das auch noch auf der Couch? Und das soll etwas bringen?", fragte ich ihn erstaunt, weil ich eben bisher nur von den Marathonsitzungen meiner Exfreundin gehört hatte und den Eindruck gewonnen hatte, als wäre Meditation eine geheime Raketenwissenschaft, bei der man bloß nichts falsch machen darf.

Also hieß es nun ausprobieren:

Ich stellte mir einen Kurzzeitwecker auf 15 Minuten, machte mir ruhige Chillout-Musik ohne Gesang an und setzte mich auf einen Sessel in meinem Wohnzimmer. Ich bemühte mich nach besten Kräften, mich nur auf meinen Atem zu konzentrieren, was mir jedoch nie länger als 30 Sekunden am Stück gelang, und die 15 Minuten kamen mir wie eine Ewigkeit vor.

Als die Uhr endlich klingelte, schreckte ich zusammen wie ein Einbrecher, der gerade auf frischer Tat ertappt wurde. Also beschloss ich, es einen Tag später noch mal auszuprobieren, aber diesmal mit folgenden Veränderungen.

KAPITEL 17

1. Da ich nicht wieder vom Weckerklingeln so erschreckt werden wollte, sorgte ich für Musik, die genau nach zehn Minuten endete. (Ich schnitt mir einfach eine MP3-Datei mit dem kostenlosen Programm „Audacity" auf zehn Minuten, was etwa eine Minute dauerte.) Damit stellte ich sicher, dass ich nicht nach drei Stunden Meditieren einen halben Herzinfarkt bekam.
2. Ich verkürzte die Meditationszeit auf zehn Minuten. Ob das dann noch einen Effekt hat oder nicht, wusste ich damals nicht, doch ich wollte es einfach mal ausprobieren.

Beim zweiten Mal machte es dann auch mehr Spaß, auch wenn ich damals noch lange nicht davon überzeugt war, dass es das Richtige für mich ist.

Heute meditiere ich jeden Tag. Und zwar so:

Ich verwende eine sieben (!) Minuten kurze Musik, sitze ruhig auf meinem Stuhl im Büro und habe Kopfhörer auf. Dann konzentriere ich mich einfach nur für sieben Minuten auf meine Atmung, während ich die Augen geschlossen halte.

Diese sieben Minuten täglich reichen absolut aus, wenn Du einen starken mentalen Effekt haben möchtest. Du wirst nach ca. einem Monat der täglichen Anwendung spürbar entspannter und ruhiger in Alltagssituationen, in denen Du früher überfordert oder gestresst gewesen wärst, reagieren und denken können.

KAPITEL 17

Dein Geist lernt, sich auch in den stürmischsten Zeiten zu entspannen und die innere Mitte zu finden.

Eine verrückte Übung für verrückte Menschen:

Im Jahr 2007, als ich noch als Dating-Coach arbeitete und mit meinen männlichen Coaching-Teilnehmern die Straßen und Clubs unsicher machte, stellte ich meinen armen Teilnehmern am Anfang eines Privatcoachings immer zwei Aufgaben, die ihnen ganz schön Angst machten.

1. Jeder Teilnehmer musste mitten in der Stadt an einem belebten Platz eine Rede halten, und zwar über ein völlig unwichtiges Thema.

Damit wollte ich meine Teilnehmer zu Beginn in einen Zustand versetzen, in dem es ihnen leichtfiel, wildfremde Frauen mitten auf der Straße anzusprechen, um ihre Telefonnummer zu ergattern. Also begann ich mit dem Halten einer öffentlichen Rede, da dies den allermeisten Menschen NOCH VIEL schwerer fällt, als jemanden anzusprechen.

2. Danach gab es noch sieben Minuten Meditation mit geschlossenen Augen mitten in einer belebten Fußgängerzone.

Meine Privatcoachings fanden immer samstags statt, wenn die Fußgängerzonen in deutschen Großstädten üblicherweise sehr belebt sind. Stelle Dir vor, mitten in so einer Menge sitzt ein Mann auf einer Wolldecke auf dem Boden und meditiert. Was denkst Du?

KAPITEL 17

Richtig!

Vermutlich würdest Du etwas denken wie: „So ein Spinner, was ist denn mit dem los?"

Aber was geschieht mit meinem Coaching-Teilnehmer, nachdem er zuerst eine Rede mitten in der Innenstadt gehalten und danach in der Fußgängerzone meditiert hat? Glaubst Du, er hat jetzt noch ein Problem damit, Frauen anzusprechen? Ich darf Dir verraten: Nein! Er ist froh, dass er jetzt nur noch Frauen ansprechen muss und nichts anderes mehr.

Wir haben aus einer sehr schweren Aufgabe für ihn etwas gemacht, worüber er heilfroh ist, es tun zu dürfen. Das nennt man „die Dinge in einen anderen Rahmen setzen".

Sehr schön anzusehen war die Entspannung in den Augen meiner Teilnehmer, nachdem sie sieben Minuten lang meditiert haben in der Bemühung, nur auf ihren Atem zu achten. Sie haben dabei gelernt: „Dir passiert nichts, und niemand tut Dir etwas, selbst wenn Du völlig schutzlos in dieser Menge sitzt."

Manchmal ist die Welt um einen herum hektisch und wild. Manchmal quasseln alle durcheinander, und es fällt Dir schwer, in dem ganzen Gequatsche die für Dich wichtige Essenz zu finden.

KAPITEL 17

Manchmal wünschst Du Dir vielleicht mehr Ruhe und dass die Stimmen in Deinem Kopf auch mal leiser werden, damit Du Dich besser konzentrieren kannst.

Gib Dir die Chance, es einmal für wenigstens sieben Minuten auszuprobieren. Teste das Meditieren am besten täglich einen Monat lang, und entscheide dann.

KAPITEL 17

Fazit aus diesem Kapitel:

Regelmäßige Meditation bringt Ruhe und Klarheit in Deinen Kopf. Für die meisten Menschen ist es allerdings unvorstellbar, stundenlang auf einem Meditationskissen zu sitzen, weil sie verständlicherweise nicht die Zeit dafür haben. Deshalb hast Du in diesem Kapitel die 7-Minuten-Meditationstechnik gefunden. Probiere sie mal für wenigstens 30 Tage aus, und Du wirst sehr positiv überrascht sein, mit wie wenig Zeiteinsatz man sehr starke, spürbare Effekte erzielen kann.

Frage Dich lieber Leser:

- Gibt es Momente in meinem Leben, in denen ich gerne gelassener und souveräner reagieren würde?
- In welchen Zeiträumen meines Tages könnte ich mir sieben Minuten nehmen, um diese Methode einmal für wenigstens 30 Tage hintereinander auszuprobieren?

Was solltest Du vermeiden?

- Lass Dich auf keinen Fall von „Hardcore-Esoterikern" verrückt machen, die Dir erzählen wollen, dass Du unter 30 Minuten Meditation keine positiven Effekte hättest. Sogar drei Minuten täglich bringen Dir weit mehr, als wenn Du gar nicht meditieren würdest.
- Versuche in diesen täglichen sieben Minuten, alle Ablenkungen zu

KAPITEL 17

vermeiden, wie z. B. ein klingelndes Telefon oder dass jemand zur Tür hereinkommt. Sorge dafür, dass Du einen Weg findest, für diese wenigen Minuten absolut ungestört zu sein.

Was führt zum Erfolg?

- Der Optimalfall wäre, dass Du Dich jeden Tag für ein paar Minuten in die Natur verziehst, zusammen mit einem MP3-Player und einem Kopfhörer und Dir dort ein paar Minuten Zeit nimmst, um bewusst auf Deinen Atem oder z. B. das Meer und die Wellen zu achten!

KAPITEL 18

Kapitel 18 – Folge Deinem Herzen

"Jedes Tun ist Karma, d. h. schafft Schicksal. Karma kennt keine Rache, aber auch kein Mitleid. Was Du säst, wirst Du ernten." – Helene von Dönniges

Die junge Mutter hatte endlich die Chance ihres Lebens vor Augen. Der einzige Haken: Sie musste dafür etwas tun, was sie mit ihrem Gewissen eigentlich nicht vereinbaren konnte.

Lieber Leser, die folgende Geschichte beruht nicht nur auf Tatsachen, sondern ist genauso geschehen, wie ich sie Dir hier erzähle. Es geht um eine Freundin von mir, die versucht hat, in kurzer Zeit das große Geld zu machen. Ist es möglich, in kurzer Zeit viel Geld zu verdienen? Selbstverständlich! Ist es auch mit legalen und ethisch vertretbaren Methoden möglich? Definitiv ja, auch wenn viele Menschen das nicht glauben.

Die Methode, die sie gewählt hatte, war jedoch moralisch absolut nicht vertretbar, und sie hatte auch selbst ein ziemlich schlechtes Gewissen und überlegte zuvor einige Tage lang, ob sie das überhaupt machen wollte. Zudem betrieb sie bereits ein gut laufendes Geschäft, das sehr positive Zukunftsaussichten hatte.

Sie hatte das Angebot eines windigen Geschäftspartners aus der Kosmetikbranche auf den Tisch bekommen, in dem er ihr eine Methode vorstellte, wie sie Hautcremes zur Gesichtsstraffung verkaufen könnte, um damit sofort

KAPITEL 18

einen täglichen Umsatz von etwa 20.000 Euro (!) und einen Gewinn von etwa 5.000 Euro zu machen.

Sie konnte sich also ausrechnen, dass sie mit diesem Geschäftsmodell innerhalb kürzester Zeit sehr viel Geld verdienen würde, um sich selbst und ihre Zukunft abzusichern.

Der Haken daran war: Der Verkauf erfolgte über eine Website, in der schlicht und einfach gelogen wurde. Es gab dort gefälschte Vorher-Nachher-Fotos, und es wurden angeblich wissenschaftlich fundierte Ergebnisse dieser Kosmetika beschrieben, die es in der Realität nie gegeben hatte. Alles war also reiner Schwindel.

Nachdem sie einige unruhige Nächte lang überlegt hatte, ob sie einsteigen sollte oder nicht, entschied sie sich dafür und investierte knapp 25.000 Euro in das Modell. Es schien ihr eine wirklich sichere Sache zu sein, und ihr war klar, dass sie zwar in der nächsten Zeit ein schlechtes Gewissen haben würde, sich dafür aber für den Rest ihres Lebens finanziell absichern konnte.

Zwei Monate nach ihrem Start, als ihre Firma bereits einen hohen sechsstelligen Betrag umsetzte, trat ein neues Gesetz in der Kosmetikbranche in Kraft, das ihr Vorhaben erschwerte. Sie setzte sich also mit den Geschäftspartnern zusammen, mit denen sie dieses unseriöse Geschäft betrieb, und sie berieten nun darüber, was zu tun war.

KAPITEL 18

Sie beschlossen, renommierte, teure Anwälte zu engagieren, und überlegten, das Geschäftsmodell in ein anderes Land zu verlagern, um mehr Sicherheit zu gewinnen und nicht erwischt zu werden.

Nun war also dieses absolut nette Mädel, das ich nur allzu gut kannte, dank ihrer Gier in eine äußerst ungemütliche Situation geraten und begann, sich immer tiefer darin zu verstricken.

Zunächst wurden die Auslieferung und die Werbung gestoppt, da die Sache zu heiß wurde. Und das bisher verdiente Geld wurde vor allem für Anwälte ausgegeben.

Ich bemerkte, wie meine gute Freundin sich von Tag zu Tag immer schlechter fühlte und ihr Gesicht zunehmend blasser wurde. Ihr war es bei dieser Sache nur um das Geld gegangen, und ehe sie sichs versah, war sie in eine Situation geraten, die ihr außer großen Magenschmerzen nichts brachte.

Das Ende vom Lied war, dass sie schließlich fast zwei Jahre lang mit dieser Sache beschäftigt war, die all ihre wertvolle Energie blockierte, die sie gut für andere Dinge hätte gebrauchen können. Seitdem hat sie sich geschworen, nur noch das zu tun, was ihr Herz ihr sagt.

Sie hatte übrigens am Ende keinen einzigen Cent damit verdient, weil sich ein Zufall und eine Hiobsbotschaft nach der anderen breitmachten. Eine völlig verrückte Geschichte, die sie da erlebt hat.

KAPITEL 18

Die Moral von der Geschichte:

Wenn Du versuchst, Dich selbst zu hintergehen, und gierig wirst auf Kosten Deiner Ideale, dann wirst Du unglücklich werden. Ist es wissenschaftlich belegbar, was ich in diesem Kapitel hier schreibe? Sicherlich nicht. Aber es ist deshalb nicht weniger wahr.

Du hast vermutlich auch schon mit eigenen Augen gesehen, dass Menschen erfolgreich wurden, als sie begannen, ihrer wahren Leidenschaft zu folgen, und ungeliebte Aufgaben und Projekte einfach hinter sich ließen.

Manche Menschen gehören nun einmal nicht in ein Büro. Andere haben vielleicht ihren Chef satt, dem sie seit Jahren alles hinterhertragen müssen, und schaffen es nicht zu kündigen, weil sie glauben, dass sie aus irgendeinem Grund dazu verpflichtet wären, ihm treu zu dienen, obwohl sie ihn nicht mal mögen.

Doch ganz egal, wie Deine Lebenssituation in dieser Sekunde aussehen mag:

Egal, ob Du hohe Schulden hast, Alkoholiker bist oder was auch immer: Finde einen Weg, die Dinge zu tun, die Dein Herz Dir sagt, und halte Dein Leben schlank und konzentriert auf die wichtigen Dinge. Es gibt immer einen Weg, diesen Zustand zu erreichen, ganz egal, wie schlimm es aktuell aussehen mag.

KAPITEL 18

Niemand sollte in einem Lebenszustand verharren, in dem er sich total unwohl fühlt. Niemand sollte jahrelang jeden Morgen zu einem Job fahren, den er hasst. Lösungen finden sich vor allem dann, wenn man den alten, verhassten Zustand aufgegeben hat.

MUT ist hier die wichtigste Tugend, die ein ganzes Leben in kürzester Zeit von einem Alptraum in einen Wunschtraum verwandeln kann.

Normalerweise läuft es so:

Du beendest einen Zustand, in dem es Dir schon lange nicht gut ging, und wie aus dem Nichts kommen Lösungen daher, an die Du früher überhaupt nicht gedacht hast. Vielleicht hast Du es schon selbst in Deinem Leben erlebt oder bei Freunden gesehen, wie magisch dieses Naturgesetz funktioniert.

Mache, was Du liebst, und das Leben wird Dir alles zur Verfügung stellen, was Du benötigst. Dies kann ich an dieser Stelle nicht wissenschaftlich beweisen. Das musst Du einfach selbst ausprobieren! Schreibe mir eine E-Mail und berichte von den Wundern, die DIR passiert sind, als Du begonnen hast, Deinen eigenen Traum zu leben anstatt nach der Pfeife von irgendjemandem zu tanzen, den Du im schlimmsten Fall nicht einmal magst.

KAPITEL 18

Fazit aus diesem Kapitel:

Wenn Dir im Leben eine Gelegenheit geboten wird, die zwar lukrativ klingt, sich aber mit Deinem Herz und Deinem Gefühl nicht vereinbaren lässt, dann höre zu 100 % auf Dein Herz und Dein Gefühl! Denn wenn Du Dich gegen diese entscheidest, wirst Du zwar in Zukunft evtl. für eine Weile mehr äußerlich wahrnehmbaren Erfolg haben, Dich aber innerlich immer schlechter fühlen. Sollte dieses sich „schlechter fühlen" über einen begrenzten, kurzen Zeitraum hinausgehen, dann musst Du abwägen, ob es Dir das wert ist.

Frage Dich lieber Leser:

- Tue ich alles, was ich im Moment in meinem Leben mache, wirklich aus vollem Herzen? Was kann ich sofort ändern? Und was muss ich tun, um mein Leben so zu gestalten, dass ich wirklich alles, was ich tue, gerne mache?
- Gibt es etwas, was mir so wichtig ist, dass ich dafür niemals ein Risiko eingehen würde, um es nicht zu verlieren? Was wäre, wenn ich bei allem in meinem Leben, was mir wichtig ist, so handeln würde?

KAPITEL 18

Was solltest Du vermeiden?

- Spiele nicht mit dem Feuer und den Gefühlen anderer Menschen, denn es wird sich für Dich selbst zwar zunächst aufregend, aber auf Dauer mies anfühlen!
- Gehe nur Risiken ein, die wirklich Spaß machen, und nicht solche, durch die Du Dinge verlieren könntest, die Dir von ganzem Herzen wichtig sind.

Was führt zum Erfolg?

- Lerne, dem Weg Deines Herzens zu folgen, und tu immer nur Dinge, die Deinen Werten entsprechen!

Teil 5

Gewohnheiten glücklicher und erfolgreicher Menschen

„Achte auf Deine Gedanken, denn sie werden Worte. Achte auf Deine Worte, denn sie werden Handlungen. Achte auf Deine Handlungen, denn sie werden Gewohnheiten. Achte auf Deine Gewohnheiten, denn sie werden Dein Charakter. Achte auf Deinen Charakter, denn er wird Dein Schicksal." – Aus dem Talmud

KAPITEL 19

Kapitel 19 – Das Morgenritual

„Guten Morgen! Schenke dem Gesicht Dein schönstes Lächeln, und der Tag ist Dein Freund." – Jochen Mariss

Wie stark entscheiden die ersten Handlungen, die Du täglich ausführst, darüber, wie Dein Tag verläuft? Und was bedeutet es für Dich und Dein gesamtes Selbstvertrauen, wenn Du morgens als erste Tat die Snooze-Taste Deines Weckers drückst? Auf diese und andere Fragen warten in diesem Kapitel (hoffentlich) aufschlussreiche Antworten auf Dich.

Noch vor wenigen Jahren war die erste Handlung meines Tages immer, mehrfach die Snooze-Taste zu drücken, bis ich dann unbedingt aufstehen musste. Ich fand das ehrlich gesagt überhaupt nicht schlimm, schließlich machen das doch viele Menschen so, und ich hatte nicht das Gefühl, dass diese kleine Aktion mein Leben unbedingt verschlechterte.

Bis ich einen beeindruckenden Geschäftsmann kennenlernte, der wie eine Maschine zu funktionieren schien, dazu gleichzeitig ein glücklicher Familienvater mit einer wunderschönen Frau war, regelmäßig in Urlaub fuhr und den Rest seiner Zeit mit viel harter Arbeit verbrachte. Kurz gesagt: ein absolut inspirierender Mensch, von dem ich einiges über die Power gelernt habe, die in einem Menschen steckt.

KAPITEL 19

Eines Tages saßen wir zusammen in einem Seminarraum und waren nur noch zu zweit, und ich fragte ihn, was sein Geheimnis für seine starke Power war.

Er schaute mich an, fixierte mich mit seinen Augen und fragte mich: „Was machst Du morgens als Erstes, Danny?" Ich antwortete: „Ähm, ich gehe ins Bad und ..." Er unterbrach mich sofort: „Nein, ich meine nicht, was Du nach dem Aufstehen als Erstes machst, sondern in der Sekunde, in der Du aufwachst."

Ich erwiderte: „Nun, meistens drücke ich noch ein paarmal die Snooze-Taste, bevor ich dann wirklich aufstehe."

Er entgegnete in einem sehr klaren, energievollen, aber gleichzeitig warmherzigen Ton: „Und genau das ist der Knackpunkt! Ich habe auch lange Zeit gebraucht, bis ich ihn verstanden habe. Du stellst Dir abends Deinen Wecker und denkst Dir dabei vermutlich so etwas wie: ‚Okay, ich stelle ihn mal, und notfalls stehe ich eben etwas später auf.' In Wirklichkeit machst Du aber Folgendes: Wenn Du morgens den Wecker, den Du selbst gestellt hast, unterbrichst, dann verlierst Du bereits das erste Mal gegen Deinen inneren Schweinehund bzw. GEGEN DICH SELBST. Und das habe ich aus meinem Leben weitestgehend verbannt. Ich verliere doch nicht als erste Tat des Tages gegen mich selbst!"

Peng! Das saß, denn er hatte vollkommen recht. Ich, der ich mich selbst als Erfolgsmenschen sehe und so vieles in meinem Leben erreiche, schaffe es nicht, dann aufzustehen, wenn der Wecker klingelt. Selbstverständlich hat so eine erste Tat des Tages auch Auswirkungen auf den weiteren Tagesverlauf.

KAPITEL 19

Wer sich bereits morgens als Erstes von seinem inneren Schweinehund besiegen lässt, wird dies auch den Tag über öfter mal tun.

Also beschloss ich, nie wieder die Schlummertaste zu betätigen, und stellte fest, dass dies meiner Willensstärke sicherlich nicht geschadet hat.

Warum stehst Du morgens eigentlich auf?

Diese Frage kannst Du Dir inzwischen schon ganz leicht selbst beantworten, wenn Du Kapitel 2 dieses Buches durchgearbeitet hast. Denn wenn Du glasklare und feste Ziele definiert hast, die Dir wirklich gut gefallen, dann brauchst Du Dich niemals zu fragen, warum Du morgens aufstehst, weil es sich einfach lohnt, für die Verwirklichung der eigenen Träume aufzustehen.

Es gibt aber auch Menschen, die keinen Grund haben, morgens aufzustehen, außer dass eventuell der Chef sonst sauer wird oder ihnen kündigt, und das ist doch eher eine düstere Lebensvorstellung, die allenfalls mal für einen Lebensabschnitt in Ordnung ist. Sollte es aktuell so in Deinem Leben aussehen, möchte ich Dich ernsthaft darum bitten, Dich so schnell und effektiv wie möglich auf den Weg zu Deinen Träumen zu machen, anstatt etwas zu tun, was Du nicht von ganzem Herzen liebst. Dein Leben ist einfach zu kurz, um Tätigkeiten auszuüben, die Dir nicht von ganzem Herzen Spaß machen.

Und Menschen, die das tun, haben es morgens schwer, sich die Frage nach dem „Warum" zu beantworten.

KAPITEL 19

Du wirst als Mensch nur so weit kommen, wie Du als Persönlichkeit gereift bist. Steht Dir Deine Persönlichkeit im Weg, dann stehst Du Dir selbst im Weg!

Viele Menschen haben Schwierigkeiten, in ihrem Alltag genügend Zeit zu finden, um sich persönlich weiterzuentwickeln, obwohl sie es eigentlich gerne wollten. Und falls sie z. B. am Abend vor dem Schlafengehen doch noch etwas Zeit finden, dann fehlt oft die Energie, um sich ernsthaft mit sich selbst und dem eigenen Leben auseinanderzusetzen.

Eine Methode, die dieser Misere entgegenwirken kann und mit der Du sicherstellst, dass Du die wirklich wichtigen Dinge auch tatsächlich tust und nichts dazwischenkommt, besteht darin, sie morgens VOR allem anderen zu tun. Bevor Dir irgendjemand mit eigenen Plänen dazwischenfunken kann. Bevor sich Probleme in den Tag drängen, an die Du vielleicht vorher noch gar nicht gedacht hast.

Wie wäre es, wenn Du Dir jeden Morgen eine ganze Stunde Zeit für Deine persönliche Entwicklung nehmen würdest? Wie viel mehr Power hättest Du anschließend für Deinen Tag zur Verfügung? Und wie viel schneller würdest Du Dich weiterentwickeln, wenn Du konstant jeden Morgen eine ganze Stunde Zeit dafür aufbringen würdest?

Die meisten Deutschen stehen ca. um 06:15 Uhr auf (das ist etwa der deutsche Durchschnitt), und vielleicht stellst Du Dir gerade die Frage, ob ich Dir ernst-

KAPITEL 19

haft vorschlagen will, statt um 06:15 Uhr aufzustehen (falls Du das aktuell tust), um 05:15 Uhr die Nacht zu beenden?

Selbstverständlich klingt das zunächst verrückt und fast so, als wäre dies eine Aufgabe, die unglaublich ungemütlich wird. Ich verspreche Dir aber, wenn Du einmal ein Morgenritual in Dein Leben integriert hast, das Dir wirklich Power gibt, wirst Du nie wieder darauf verzichten wollen, weil Du dann täglich einfach viel MEHR anstatt weniger Power zur Verfügung hast. Außerdem gibt es auch die Möglichkeit, eine Stunde früher schlafen zu gehen, was für viele Menschen auch gar keine schlechte Idee wäre, aber das ist ein anderes Thema …

Ich glaube ganz fest an Folgendes: Wenn Du Dich in einem schnellen Tempo weiterentwickelst, werden Dein Einkommen, die Qualität Deiner Beziehungen zu anderen Menschen, Dein Selbstvertrauen und Deine gefühlte Lebensqualität wachsen und immer besser werden, und hierdurch wirst Du eine unglaublich große Kraft zur Verfügung haben, die Du Dir vielleicht jetzt zu diesem Zeitpunkt Deines Leben lediglich vorstellen kannst.

Das Mindset: Mache das Wichtigste zuerst!

Reagiere also niemals morgens, sondern agiere aus freien Stücken. Es gibt ja tatsächlich Menschen, die sich morgens um 6 Uhr von einem Radiowecker mit den aktuellen Nachrichten wecken lassen. Ich halte dies für keine besonders schlaue Idee.

KAPITEL 19

Wie soll Dein Tag optimal verlaufen, wenn Du bereits beim Aufwachen mit negativen Nachrichten versorgt wirst, die Du noch nicht einmal selbst beeinflussen kannst? Meiner Meinung nach braucht sich im Grunde niemand die Nachrichten anzuhören oder anzusehen, außer natürlich Menschen, die beruflich damit zu tun haben. Die Nachrichten enthalten einfach nur sehr selten etwas, was eine Bedeutung für das eigene Leben hätte.

Solltest Du aber gerne Nachrichten schauen, um informiert zu sein, ist das natürlich auch vollkommen okay, nur bitte nicht morgens als Deine erste Tat.

Du solltest über die ersten 60 Minuten Deines Tages vollkommen frei und selbstständig entscheiden können und sie am besten ganz alleine ohne irgendeinen anderen Menschen verbringen, falls das auch nur irgendwie möglich ist.

Wie ein gut konstruiertes Morgenritual Dein gesamtes Leben verändern kann und Du mehr Energie und Selbstvertrauen hast

Die meisten Menschen wachen morgens auf und betätigen zunächst mehrfach die Schlummertaste ihres Weckers. Sobald sie aufgewacht sind, wird ihnen bewusst, dass sie keine Lust auf ihre Arbeit haben.

Dann essen sie etwas, schauen dabei das Morgenmagazin im Fernsehen oder hören Radio und schleppen sich anschließend ins Auto.

KAPITEL 19

Ich finde das eine absolut schlimme Vorstellung und bin davon überzeugt, dass diese Menschen keinen Ausweg sehen (außer vielleicht Selbstmord) und nur deshalb nichts an ihrer Situation ändern. Sähen sie eine Alternative, würden sie diese sofort in Anspruch nehmen.

Hier ist der Ausweg für alle Menschen, die morgens mit Tatendrang, Lebenskraft und einem stolzen Gefühl aufstehen wollen.

<u>Einige Vorschläge, die Du in Dein Morgenritual einbinden kannst:</u>

1. **Betätige die Schlummertaste nicht, sondern stehe sofort auf. Hier gibt es zwei Varianten, die sich als energiespendend erwiesen haben, auch wenn sie vollkommen unterschiedlich sind:**

Variante 1 ist die langsame: Du bleibst nach dem Wachwerden noch etwas liegen, streckst Dich in Ruhe, atmest einige Male tief durch und lässt Deinen Körper zehn bis 15 Minuten ganz in Ruhe vollständig wach werden, ehe Du aufstehst. (Achtung: Diese Methode ist nur für Menschen geeignet, die dabei nicht wieder einschlafen.)

Variante 2 ist die plötzliche: Du hörst Deinen Wecker, machst ihn aus, stehst sofort auf und gehst ins Bad. Dort machst Du etwas, was Dir leichtfällt, um wach zu werden, z. B. Zähne putzen.

KAPITEL 19

Du musst selbst feststellen und entscheiden, welche der beiden Methoden für Dich optimal ist, damit Du Dich gut fühlst. Die „Quäl-Schlummer-Aufsteh-Variante" solltest Du ein für alle Mal aus Deinem Leben verbannen. Sie ist zwar die leichteste von allen, aber sie sorgt definitiv für ein schwächeres Selbstvertrauen und verstärkt das Gefühl, nicht selbst Herr der Lage zu sein.

2.   Trinke morgens als Erstes einen halben Liter Wasser!

Während der Nacht dehydriert der menschliche Körper leicht. Das ist normal und nicht weiter schlimm. Wir können natürlich trotzdem fit und munter sein, ohne dass wir einen halben Liter Wasser getrunken haben (oder zumindest ein kleines Glas, falls Du morgens noch nicht so viel trinken kannst). Aber wir sind definitiv NOCH fitter, wenn wir dem Körper geben, was ihm guttut, und mit einem halben Liter Wasser (ohne Kohlensäure) funktioniert Dein Organismus besser.

3.   Gib Deinem Gehirn das richtige „Futter"!

In einem früheren Kapitel hast Du drei Fragen kennengelernt, die Dein Leben verändern, wenn Du sie Dir jeden Tag stellst. Jetzt, früh am Morgen wäre ein sehr guter Zeitpunkt für diese drei Fragen.

Wenn Du morgens noch halbwegs benommen vor Deinem Spiegel stehst und direkt daneben die Frage hängt: „Was macht mich in diesem Moment meines Lebens glücklich?", dann wirst Du eventuell nicht immer sofort eine

KAPITEL 19

Antwort darauf finden, sondern manchmal auch eine Minute brauchen, bis Du eine konkrete Antwort hast. Aber Du WIRST sie finden und Dein Unterbewusstsein und Dein ganzes Wesen damit in die richtige, nämlich in eine positive Denkrichtung für den aktuellen Tag bringen.

Wenn Du Dir dagegen morgens zuerst „Das Morgenmagazin" in irgendeinem TV-Sender anschaust oder die Dir Nachrichten im Radio anhörst, dann bekommt Dein Gehirn ein ganz anderes Futter, das es nicht optimal auf den Tag vorbereitet. Die zahlreichen Horrormeldungen aus der Welt könnten ihm eher schaden.

Es ist okay, zwischendurch mal Nachrichten zu schauen oder zu hören, um darüber informiert zu sein, was alles auf dieser Welt passiert. Ich mache das auch hin und wieder. Aber es sollte nicht zu einem festen Lebensinhalt werden, den wir täglich zehnmal abrufen, und schon gar nicht am frühen Morgen, wenn sich entscheidet, wie unser heutiger Tag werden wird.

Wenn Du es schaffst, Dein Gehirn bereits frühmorgens in eine positive Denkrichtung zu lenken, ist die Wahrscheinlichkeit sehr hoch, dass es für den Rest des Tages genauso weitermacht. Ich kenne wenige so effektive Hilfsmittel für ein produktiveres und glücklicheres Leben wie ein geeignetes persönliches Morgenritual.

4. Lass den Rest der Welt hektisch sein und nimm Dir sieben bis zehn Minuten Zeit, um in Ruhe zu meditieren!

KAPITEL 19

Die meisten Menschen sind sehr hektisch in ihrem Kopf und lassen sich durch die kleinsten Schwierigkeiten aus der Bahn bringen. Du kannst Dich zu 100 % darauf verlassen, dass Menschen, die regelmäßig meditieren, definitiv anders sind, denn durch regelmäßige Meditation lernt man vor allem, durchzuatmen und den Geist zur Ruhe kommen zu lassen. Und besonders in hektischen Situationen ist es sehr hilfreich, durchzuatmen und eine Sache in Ruhe zu überlegen. Oft entscheidet das über Erfolg oder Misserfolg.

Nicht umsonst schwören heute so viele Erfolgsmenschen auf Meditation. In einem der vorangegangenen Kapitel hast Du von mir eine einfache Methode an die Hand bekommen, die es Dir erleichtert, in dieses Thema einzusteigen, ohne sofort in einem Tempel vier Stunden im Schneidersitz auf einem Kissen knien zu müssen. Mache es Dir leicht, aber FANGE AN! Meditation kann Dein Leben stark verbessern. Doch es beginnt immer damit, es einfach einmal auszuprobieren.

5. Bringe Deinen Kreislauf in Schwung!

Sport ist für viele Menschen morgens eine unglaublich harte Angelegenheit. Die Vorteile sind unbestritten, denn wer morgens bereits seinen Kreislauf in Schwung bringt und z. B. für nur 15 Minuten an der frischen Luft joggt, sich auf sein Laufband schwingt oder einen anderen Sport betreibt, wird am Tag widerstandsfähiger agieren.

6. Sage Dir selbst, was Du hast, bist und liebst!

KAPITEL 19

Affirmationen zählen zu den hilfreichsten Methoden, um die eigene Zukunft aktiv zu gestalten und das Unterbewusstsein an eine Wahrheit zu gewöhnen, die es bald „gefälligst" zu glauben hat. Affirmationen wirken auf eine wundersame Weise. Wenn Du sie für Dein Leben entdeckst und sie, wie in einem früheren Kapitel bereits beschrieben, nur einmal vier Wochen lang ausprobierst, wirst Du nie wieder damit aufhören. Denn sie funktionieren.

Affirmationen in Dein Morgenritual mit einzubinden, ist leicht, denn sie kosten Dich maximal fünf Minuten (eher nur eine Minute, wenn Du keinen Fließtext als Affirmation verwendest), und diese Zeitinvestition macht sich später auf jeden Fall bezahlt.

7. Endlich mal Zeit zum Lesen!

Viele Menschen würden so gerne mehr lesen, finden aber keine Zeit dafür. Wenn Du aber jeden Morgen nur zehn Minuten lang liest, z. B. nur zwei Seiten in einem Buch, dann wären das immerhin über 700 Seiten in einem Jahr und damit zwei ganze Bücher (außer Du hast ein ungewöhnlich dickes Buch ausgewählt, dann eventuell nur eins).

Und diese zwei Bücher, die Du mit so wenig Aufwand mehr liest pro Jahr, werden Deine Lebensqualität ebenfalls weiter steigern.

8. Visualisiere Deine Träume und brenne sie damit noch tiefer in Dein Unterbewusstsein ein!

KAPITEL 19

Wenn Du Dir eine Sache nur intensiv genug vorstellst, wirst Du Dich fühlen, als wärst Du bereits „in der Situation drin". So war es früher immer mein Traum, einen Porsche-Sportwagen zu fahren, und ich stellte es mir jeden Tag so genau wie möglich vor.

Ich malte mir aus, wie ich aus der Haustür komme und auf meinen Porsche zugehe (ich habe mir immer vorgestellt, dass er rot ist) und wie ich das Knöpfchen drücke und die Lämpchen blinken, die signalisieren, dass er geöffnet ist.

Dann stellte ich mir vor, wie ich auf den Ledersitz gleite und das Sportlenkrad mit dem Porsche-Wappen in meinen Händen spüre. Wie ich die Zündung betätige und der Motor laut und eindrucksvoll seine Startbereitschaft ankündigt. Und dann, wie ich losfahre und irgendwann die Musik laut aufdrehe und auf einer freien Landstraße allmählich Vollgas gebe und dabei vor Freude laut lache.

Diese Vorstellung wiederholte ich jeden Tag, und ich fühlte mich dabei immer, als hätte ich mein Ziel schon erreicht.

Auch jedes andere Ziel lässt sich auf diese Weise visualisieren. Unsere menschliche Vorstellungskraft ist unbegrenzt.

Ende 2013 habe ich mir übrigens einen neuen Porsche Cayman im Porsche-Zentrum Solingen gekauft. Auch wenn ich mir heute lieber bodenständig mit meiner Lebensgefährtin einen Kleinwagen teile, war es die Erfüllung

KAPITEL 19

eines Wunschtraumes, und ich bin noch immer zutiefst davon überzeugt, dass alles nur so kommen konnte, weil ich es so oft visualisiert habe.

Nutze diese mächtige Technik, und wenn Du sie jeden Morgen für nur zehn Minuten anwendest, werden die Effekte gigantisch sein!

Viele kleine Tätigkeiten in kürzester Zeit!

Durch die letzten acht Vorschläge hast Du sicherlich schon eine gute Vorstellung davon bekommen, wie Du ein kraftvolles Morgenritual gestalten kannst. Der Trick besteht darin, möglichst viele Tätigkeiten in kürzester Zeit zu erledigen.

Wenn Du sechs dieser Vorschläge in jeweils zehn Minuten ausführst, wirst Du nach nur 60 Minuten nach dem Aufstehen bereits das Gefühl haben, eine ganze Menge erledigt zu haben, und stolz auf Dich sein!

Du kannst Dein Ritual natürlich vollkommen nach Deinen Wünschen gestalten und auch nur Deine drei Favoriten herauspicken, die Du dann jeweils 20 Minuten ausführst. Hauptsache, Du gestaltest Deinen Morgen so kraftvoll wie nur möglich und gibst Dir damit die Chance, als Persönlichkeit zu wachsen.

Ich wette, wenn Du ein Jahr lang so ein kraftvolles Morgenritual ausgeführt hast, bist Du ein völlig anderer Mensch als jetzt.

KAPITEL 19

Fazit aus diesem Kapitel:

Gestalte die ersten 60 Minuten Deines Tages erfolgreich und „mit Absicht", dann stehen die Chancen gut, dass der Rest Deines Tages so weitergeht! Indem Du Deinem Gehirn schon in den ersten 60 Minuten die richtigen Impulse gibst, kommst Du in ein „positives Momentum", das Dich den ganzen Tag über auf einer Art „Erfolgswelle" tragen kann!

Frage Dich lieber Leser:

- Wie stark kann ich meine Lebensqualität innerhalb von einem Jahrzehnt erhöhen, wenn ich jeden Morgen mit einem kraftvollen eigenen Morgenritual aufstehe und es konsequent durchziehe? Werde ich dann in einem Jahrzehnt erfolgreicher sein, als wenn ich es nicht getan hätte?
- Welche der vorgeschlagenen Aktivitäten aus diesem Kapitel werde ich in mein Morgenritual integrieren und welche vorläufig nicht?

KAPITEL 19

Was solltest Du vermeiden?

- Vermeide es, morgens in Deinen ersten 60 Minuten auf Umständen RE-agieren zu müssen, wie bspw. auf Familienmitglieder oder Kinder, um die Du Dich kümmern musst, sondern stehe lieber eine Stunde früher auf und mache Dein kraftvolles Morgenritual. Diese Stunde, die Dir Energie gibt, wird sich am Ende des Tages für Dich mehr auszahlen, als wenn Du mehr Schlaf bekommen hättest.

Was führt zum Erfolg?

- Erschaffe Dir ein Morgenritual, das Dir die ersten 60 Minuten des Tages Kraft gibt, die Dich persönlich weiterbringt, und in dem eventuell sogar Tätigkeiten untergebracht sind, von denen Du zwar weißt, dass sie wichtig sind, für die Du aber bisher zu wenig Zeit aufbringen konntest!
- Denke daran, dass Du nur so schnell erfolgreich sein kannst, wie Du in Deiner Persönlichkeit wächst, und dafür brauchst Du Zeit. Die perfekte Zeit dafür ist morgens nach dem Aufwachen, wenn Dich niemand stört!

Kapitel 20 – Das Abendritual

„Lass den Abend die Fehler des Tages verzeihen und damit Träume gewinnen für die Nacht." – Rabindranath Thakur

An dieser Stelle muss ich Dir eines meiner größten Probleme gestehen, das mir jahrelang immer wieder mein Morgenritual zerstört hat. Ich wollte so gerne ein Morgenritual aufbauen und immer um die gleiche Zeit aufstehen, um Kontinuität in meinen Tagesablauf zu bekommen, aber ich habe es nur selten geschafft, am Abend rechtzeitig ins Bett zu gehen.

Ich habe abends immer noch viele Ideen, und mein Gehirn braucht lange, bis es zur Ruhe kommt. Ich bin so begeistert, von dem, was ich tue, dass ich sogar manchmal mitten in der Nacht aufspringe und mir eine neue Idee aufschreiben muss, weil sie mich so stark fasziniert, dass es mir unmöglich wäre, einfach weiterzuschlafen.

Und so probierte ich immer mal wieder für ein paar Wochen, ein Morgenritual zu integrieren, und gab jedes Mal ernüchtert auf, weil ich einfach immer Schlafmangel hatte. Mal schlief ich nur drei Stunden in der Nacht, ein anderes Mal fünf oder auch mal gar nicht.

Bis ich auf die Idee kam, ein Abendritual zu definieren, das es mir erlaubt, mein Gehirn abends zur Ruhe kommen zu lassen und entspannt einzuschlafen.

KAPITEL 20

Es bewirkt, dass ich mich jeden Abend wie einen Computer herunterfahren kann und innerlich viel ruhiger geworden bin.

Die Kunst eines Abendrituals besteht natürlich darin, es auch diszipliniert jeden Abend um die gleiche Zeit zu beginnen.

Mein Abendritual beginnt z. B. immer damit, dass ich für eine halbe Stunde aufmerksam und ohne Ablenkungen mit meinem Sohn Ben spiele. Diese Zeit gehört ihm, und ich widme mich zu 100 % seinen Bedürfnissen und Wünschen.

Danach verziehe ich mich für eine Stunde auf Laufband und Hantelbank, denn Sport hilft mir sehr gut, runterzukommen und meine Gedanken zu ordnen.

Danach gibt es Abendessen gemeinsam mit meiner Frau Hannah und meinem Sohn Ben. Dazu nehmen wir uns Zeit und sprechen in Ruhe miteinander, tauschen uns darüber aus, wie unser Tag gelaufen ist, und freuen uns, beieinander zu sein.

Danach nehme ich für gewöhnlich ein heißes Bad und lerne dabei eine Fremdsprache mit einem Audiokurs bzw. höre ein Hörbuch. Das dauert in etwa 30 Minuten und lässt mich vollends runterkommen und entspannen, sodass ich dann bettfertig bin.

Im Bett angekommen, lese ich für gewöhnlich immer noch etwa eine halbe bis eine Stunde und schlafe dann entspannt ein. Dieses Abendritual hat sich

KAPITEL 20

für mich als sehr angenehm und gleichzeitig erfolgreich erwiesen, um einen stabilen Rhythmus in mein Leben zu bringen.

Hier sind weitere Vorschläge für ein erfolgreiches und wohltuendes Abendritual:

1. Du könntest Dir auch am Abend zunächst einmal kluge Frage stellen.

Hier habe ich einige für Dich vorbereitet, die Dich am Abend noch einmal in einen reflektierenden Zustand bringen und Dir dabei helfen können, den Tag richtig einzuordnen und abzuschließen:

Gezielte Fragen am Abend

1. Welchen **Beitrag** habe ich heute geleistet? Auf welche Weise war ich heute konkret der Gebende?

_____

2. Was genau habe ich heute **dazugelernt?**

_____

KAPITEL 20

3. Wie hat der heutige Tag meine **Lebensqualität** konkret erhöht, oder wie kann ich diesen Tag nutzen und als **Investition** in meine Zukunft betrachten?

Du kannst auch abends einige der Dinge tun, die Du beim Morgenritual nicht machen wolltest. Vielleicht ist es Dir z. B. einfach lieber, am Abend zu meditieren?

Ein Tagebuch zu schreiben, wirkt Wunder!

Viele Menschen haben abends einfach den Kopf voll mit den vielen Ereignissen des Tages und können nur schwer runterkommen und sich entspannen. Dabei ist es wichtig, den Tag „hinter sich lassen" zu können, um sich nachts wirklich optimal zu erholen.

Was dabei wirklich hilft, ist das gute alte Tagebuch, in das Du einfach reinschreibst, was Dich aktuell beschäftigt, was Du erlebt hast und wie Deine Gedanken und Gefühle gerade sind. So simpel es auch klingt, dies ist noch immer eine der besten Methoden, um den Kopf zu reinigen und zu leeren. Das Schlimmste, was Du tun kannst, ist, Deine Sorgen einfach unreflektiert und unbearbeitet in Deinem Kopf zu lassen. Das führt dann irgendwann zu einem Magengeschwür, ständigen Kopfschmerzen und Schlimmerem.

KAPITEL 20

Kaufe Dir ein schönes Tagebuch und gönne Dir einen schönen Stift dazu. Probiere es einmal selbst aus, jeden Abend ein paar Zeilen zu schreiben. Viele Menschen wollen damit nie wieder aufhören, weil es ihnen so viel bringt.

Sieben gute Momente aufschreiben!

In vielen Büchern zum Thema Persönlichkeitsentwicklung habe ich schon von der Technik gelesen, sich jeden Abend fünf Dinge aufzuschreiben, die man am Tag gut gemacht hat bzw. fünf kleine Erfolge. Das finde ich großartig, weiß aber durch viele Coaching-Klienten und auch aus eigener Erfahrung, dass diese Technik mit Vorsicht zu genießen ist.

Denn an vielen Tagen ist es einfach schwierig und sehr mühsam, fünf Erfolge zu erkennen.

Was aber VIEL leichter ist und was Dein Gehirn noch viel lieber annimmt, sind „sieben gute Momente". Ich meine damit definitiv nicht sieben großartige Momente oder Momente, in denen Du etwas gut gemacht hast, sondern schlicht und einfach sieben gute Momente.

Du warst in einem Geschäft und hast gemeinsam mit dem Ladenbesitzer über irgendetwas gelacht? Dann war das ein guter Moment!

Du hast Dir während der Autofahrt kurz gedacht, wie schön der Himmel doch heute aussieht? Dann war das ein guter Moment!

KAPITEL 20

Du hast Dich darüber gefreut, dass Deine Lieblingsmannschaft gewonnen hat? Ein guter Moment!

Ist diese Methode etwas für Dich? Falls sie Dich anspricht, dann probiere sie am besten einfach mal aus.

KAPITEL 20

Fazit aus diesem Kapitel:

Vor allem wenn Du ein intensives Leben führst, braucht Dein Gehirn abends erst einmal eine Weile, um alles richtig zu ordnen und runterzukommen. In dieser wichtigen Zeit schauen die meisten Menschen Fernsehen, weil sie denken, dass es sie entspannt. In Wirklichkeit aber werden sie durch das Anschauen von bspw. Gewalt innerlich nur noch aufgedrehter und wundern sich dann, warum sie nachts schlecht schlafen. Entwickle ein gezieltes Abendritual, und Deine Lebensqualität wird spürbar steigen!

Frage Dich lieber Leser:

- Verbringe ich meine Abende aktuell im Hinblick auf meinen Erfolg und/oder mein Lebensglück optimal, oder sitze ich wie der Großteil der Deutschen vor dem Fernseher und lasse mich berieseln?
- Welche Aktivitäten würden mir persönlich abends so richtig guttun, und wie kann ich es erreichen, diese Aktivitäten in meinen Alltag zu integrieren?

Was solltest Du vermeiden?

- Vermeide es, abends vor dem Schlafengehen negative Nachrichten an Dich heranzulassen, die nicht zwingend notwendig sind. Ein Pärchen, das jeden Abend gemeinsam im Bett die Nachrichten schaut, wird mit großer Wahrscheinlichkeit ein schlechteres Sexualleben

KAPITEL 20

haben als eines, das die gleiche Zeit zum Kuscheln verwendet! Und die große Frage ist: Mit welcher der beiden Aktivitäten ist deine Lebenszeit sinnvoller genutzt? ;)

Was führt zum Erfolg?

- Notiere Dir jetzt gleich auf einem Stück Papier ein paar Dinge, die Du abends vor dem Schlafengehen optimalerweise tun könntest, und welche, die Du in der Zukunft vermeiden solltest. Am allerbesten machst Du Dir mal einen genauen Plan und passt diesen in der nächsten Zeit einfach an die Realität an. Die Realität sieht fast immer etwas anders aus, als wir es uns am Anfang ausmalen, aber solche schriftlichen Pläne helfen Dir dabei, Deine Ziele zu erreichen!

Kapitel 21 – Es gibt keinen Misserfolg, sondern nur Resultate

„Zeig einem schlauen Menschen einen Fehler, und er wird sich bedanken. Zeig einem dummen Menschen einen Fehler, und er wird Dich beleidigen." – Laotse

Diesen Satz halte ich für den wichtigsten, wenn es darum geht, was erfolgreiche von erfolglosen Menschen unterscheidet:

„Es gibt keinen Misserfolg, sondern nur Resultate!"

Die meisten Menschen geben etwas auf, weil sie sich nicht erfolgreich fühlen und ihnen ihr Umfeld eventuell auch sagt, dass man etwas beenden sollte, wenn sich keine positiven Ergebnisse einstellen.

Manchmal im Leben ist es sicherlich auch richtig, etwas zu beenden, um etwas anderes, was einem besser liegt, zu beginnen. Oftmals aber auch nicht.

Häufig geben Menschen an einer Stelle auf, an der sie kurz vor dem Durchbruch stehen, ohne es zu wissen.

Oft haben Menschen einfach die falschen Berater um sich herum, das falsche Team oder die falsche Einstellung, um einzuschätzen, ob etwas für sie das Richtige ist oder nicht.

KAPITEL 21

Fakt ist, das der Satz, der dieses Kapitel prägt, dafür gesorgt hat, dass ich durchhielt, als ich von 2006 bis 2009 wöchentlich 80 Stunden dafür arbeitete, endlich mein Business zum Laufen zu bringen. Doch immer wieder zeigte sich, das ich dafür scheinbar einfach kein Talent hatte.

Wir hatten zwar einige Erfolgserlebnisse, und manche Menschen waren schon damals echte Fans, aber Geld verdienten wir keines, obwohl wir das bitter nötig gehabt hätten. So ernährte ich mich drei Jahre lang nur von Nudeln mit Tomatensauce und musste mich von meinem gesamten Umfeld auslachen lassen. Sie alle konnten nicht glauben, dass ich so lange an einer Idee festhielt, obwohl sie nicht zu funktionieren schien.

Wir hatten eine Website und versuchten verzweifelt, Besucher zu bekommen. Wir probierten eine Sache nach der anderen aus, jedes Mal mit dem Resultat: Auf diese Art und Weise funktioniert es nicht.

Wir empfanden das niemals als Niederlage oder gar Misserfolg, sondern immer nur als ein Resultat. Denn wir wussten genau, dass wir irgendwann verstehen würden, wie es richtig funktioniert.

Um mich herum sah ich viele andere Menschen, die ebenfalls versuchten, ein Geschäft zu gründen und bereits nach wenigen Monaten oder manchmal nach ein bis zwei Jahren voller Enttäuschung aufgaben und überzeugt waren, dass sie einfach nicht gut genug waren oder ihre Geschäftsidee zu schlecht. Das entsprach meistens nicht der Wahrheit.

KAPITEL 21

Tatsächlich betrachteten diese Leute ihre Resultate nicht nüchtern als Resultate auf dem Weg zum Erfolg, sondern als Rückschläge und Misserfolge. So verknüpften sie immer schlechtere Gefühle mit ihren Vorhaben.

Wir Menschen ticken nun einmal so, dass wir nichts lange machen, was uns ständig schlechte Gefühle und Schmerz einbringt. Deshalb ist es von äußerster Wichtigkeit, bei einem Vorhaben zu verstehen, dass es immer wieder Resultate geben wird, die einen weiterbringen, die aber noch nicht das Ziel sind.

Er verlor bereits mit sieben Jahren sein Haus!

Als er erst sieben Jahre alt war, verloren seine Eltern ihr Haus, und er musste arbeiten gehen. Sonst hätte seine Familie nicht überleben können, denn Nahrung, Kleidung und alles, was man zum Überleben braucht, war knapp.

Mit neun Jahren erlebte er den nächsten schweren Schicksalsschlag. Seine geliebte Mutter starb, und er musste in Rekordgeschwindigkeit erwachsen werden, denn sonst hätte er selbst nicht überlebt.

In seiner Jugend trat ihm ein ausschlagendes Pferd so fest gegen den Kopf, dass er auf der Intensivstation im Krankenhaus landete. Außerdem wäre er beinahe einmal ertrunken.

KAPITEL 21

Im Verlauf seines weiteren Lebens hatte er gleich zweimal Malaria und erkrankte an Pocken. Mit 21 Jahren versuchte er, ein Geschäft aufzuziehen, doch das brachte ihm nur Ärger ein. Er ging gleich zweimal mit unterschiedlichen Geschäftsideen bankrott.

Mit 22 Jahren kandidierte er für einen Sitz im Parlament, allerdings erfolglos. Gleichzeitig verlor er seine Arbeit und wurde von der Universität, an der er Rechtswissenschaften studieren wollte, abgelehnt.

Zwei Jahre später gründete er sein nächstes Unternehmen, das aber ebenfalls pleiteging. Mit 25 lernte er seine erste große Liebe kennen, die jedoch kurz nach der Verlobung starb. Ein Jahr später starb seine Schwester bei der Geburt ihres Kindes.

Er fiel in eine tiefe Sinnkrise und verbrachte ein ganzes Jahr lang nur in seinem Bett. Damals war er 25 Jahre jung. In den Jahren danach beschäftigte er sich immer wieder mit Selbstmord, weil er kaum noch einen anderen Ausweg sah. Mit 33 Jahren hatte er sich wieder etwas gefangen und kandidierte erneut für den Kongress. Er scheiterte auch dieses Mal.

Fünf Jahre später, mit 38 Jahren, versuchte er es wieder und wurde nicht gewählt.

Mit 44 Jahren bewarb er sich um einen Sitz im Senat, blieb allerdings erfolglos, was er mittlerweile ja schon gewohnt war.

KAPITEL 21

Zwei Jahre später bewarb er sich in seiner Partei um die Nominierung als Vizepräsident und scheiterte erneut. Mit 48 Jahren kandidierte er noch einmal für den Senat – erfolglos.

Doch dann, im Alter von 51 Jahren, nachdem er zuvor immer nur verloren hatte, wurde Abraham Lincoln zum Präsidenten der Vereinigten Staaten von Amerika gewählt.

Wie viele Menschen hätten wohl an seiner Stelle schon lange aufgegeben und etwas ganz anderes gemacht? Wie viele Menschen wären verzweifelt oder hätten geglaubt, dass irgendeine böse Macht ihr Leben kaputt macht und ihnen nichts als Pech bringt.

Doch Abraham Lincoln ließ sich nicht unterkriegen und behandelte alle Ereignisse in seinem Leben niemals als schlimme Rückschläge, sondern einfach als Resultate.

Wenn man eine Wahl nicht gewinnt, dann sollte man vor der nächsten Wahl etwas besser machen, damit die Wahrscheinlichkeit steigt, dass man dann gewinnt.

Und wenn man bereits acht Wahlen verloren hat, dann ist es viel wahrscheinlicher, dass man bei der neunten schließlich doch gewinnt, wenn man aus den Erfahrungen der vergangenen Kandidaturen gelernt hat.

KAPITEL 21

Wer aus seinen Fehlern lernt, braucht keine Resultate zu befürchten, die ihm das Leben beschert. Egal, wie gut man ist, nicht alles wird klappen. Manche Vorhaben scheitern einfach – egal, wie gut der Plan war, und egal, wie viel Mühe man sich gegeben hat.

Daraus kann man aber Kraft und Wissen schöpfen, um es beim nächsten Versuch vielleicht besser zu machen.

Gewinner halten durch und versuchen es immer wieder mit einer neuen Methode oder einfach auf eine andere Art und Weise. Gewinner lassen sich nicht durch ein paar „negative" Resultate von ihrem Vorhaben abbringen, sondern versuchen es einfach so lange, bis sie es schaffen.

Man geht sehr schnell dazu über, sich als Opfer der Umstände zu fühlen!

Es ist sehr leicht, sich nach mehreren negativen Resultaten als Opfer zu fühlen und zu beschließen, dass man es auf keinen Fall schaffen kann. Das ist wirklich leicht!

Denn (fast) Dein gesamtes Umfeld wird Dir immer zustimmen, wenn Du etwas aufgibst, nur weil Du es ein paar Mal nicht geschafft hast. Für viele Menschen scheint der Gedanke plausibel, dass man sich nicht auch mal durchkämpfen muss, sondern lieber den Weg des geringsten Widerstandes gehen sollte.

KAPITEL 21

Dieser ist allerdings nur etwas für Menschen, die sich anpassen und NICHT ihre Träume leben wollen, wobei das im Grunde niemand mit einem klaren Kopf tun würde.

Was Menschen davon abhält, ihr „wahres Leben zu leben", ist die Angst vor dem Versagen. Wenn es kein Versagen mehr gibt, sondern nur noch Resultate – dann bist Du frei! Du bist frei, alles zu tun, was auch immer Du Dir je erträumt hast!

KAPITEL 21

Fazit aus diesem Kapitel:

Oft erscheint uns eine Sache im Leben zwecklos, und obwohl Dir Dein Herz sagt: "Mach es! Zieh es durch und beweise es Dir! Halte durch!", hörst Du mit etwas auf, weil alles dagegen zu sprechen scheint. Das ist vor allem dann traurig, wenn es am Ende vielleicht doch geklappt hätte, wenn Du einfach nur beharrlicher gewesen wärst und durchgehalten hättest! Die meisten großen Projekte, für die es sich wirklich zu kämpfen lohnt, funktionieren so, dass man zuerst einmal eine Menge Durchhaltevermögen beweisen muss, ehe man erfolgreich sein wird! Indem Du Misserfolge aus Deinem Vokabular streichst und stattdessen nur noch Resultat für Resultat schaust, wie Du vorankommst, wirst Du vieles, was Du früher als „Rückschlag" gesehen hast, als das enttarnen, was es wirklich ist: ein weiteres wichtiges Resultat auf Deinem Weg zur Zielerreichung!

Frage Dich lieber Leser:

- Habe ich bei einer Sache schon einmal zu früh aufgegeben? Falls ja: warum? Hätte ich mit einer stärkeren/anderen mentalen Einstellung länger durchhalten und das Projekt doch erfolgreich machen können?
- Gibt es ein aktuelles Ziel oder Projekt, das ich angehen möchte oder bereits angehe, bei dem ich in nächster Zeit mit einigen „Resultaten" rechnen kann, die mich auf dem Weg zur Zielerreichung weiterbringen?

KAPITEL 21

Was solltest Du vermeiden?

- Lass Dir von niemandem etwas von Rückschlägen, Niederlagen oder Misserfolgen erzählen, denn so etwas gibt es in Wirklichkeit nicht.
- Gräme Dich nicht stundenlang, wenn Du einmal nicht sofort das gewünschte Resultat erzielst, sondern sieh solche Resultate immer als notwendig auf dem Weg zu Deinem großen Erfolg an!

Was führt zum Erfolg?

- Beschließe, dass Du Dein großes Ziel – was auch immer es ist – erreichen wirst und Dich nichts und niemand auf dieser Welt davon abhalten wird. Wenn es einmal weniger erfreuliche Resultate auf Deinem Weg gibt, dann sieh diese ebenfalls als positive Signale auf dem Weg zum Ziel. Denn schließlich zeigt Dir jedes negative Resultat einen weiteren Weg, wie es nicht geht!

Kapitel 22 – Reframing

„Alles was wir hören, ist eine Meinung, keine Tatsache. Alles was wir sehen, ist eine Perspektive, keine Wahrheit." – Marcus Aurelius

Heute war es so weit, er musste sich einer seiner größten Ängste stellen. Es gab keinen Ausweg mehr, und jetzt ging es los.

Er ging los wie in Zeitlupe, doch es half alles nichts, schließlich stand ich hinter ihm und wollte etwas sehen.

Die Rede ist von Marco, damals 31 Jahre alt und Teilnehmer einer meiner Verführungs-Live-Coachings, die ich damals anbot. Marco hatte eine riesengroße Angst davor, eine wildfremde Frau auf offener Straße anzusprechen, was tatsächlich sehr vielen Männern so geht.

Die meisten würden es im nüchternen Zustand niemals tun. Sie haben Angst vor einer ablehnenden Reaktion vonseiten der Frau oder einem peinlichen Gespräch, in dem sie nur herumstammeln und kein vernünftiges Wort herausbringen.

Ist diese Angst vernünftig oder anhand von Fakten begründbar? Definitiv nein! Es ist eine völlig irrationale Angst, schließlich leben auf dieser Welt zur Entstehungszeit dieses Buches, über sieben Milliarden Menschen. Jede Frau und jeder Mann könnte sich ziemlich viele peinliche Situationen mit Men-

KAPITEL 22

schen des anderen Geschlechts erlauben, und trotzdem hätte man immer noch eine große Aussicht darauf, mit einem Menschen des anderen oder eigenen Geschlechts glücklich zu werden.

Wieso ist diese Angst dann vorhanden? Das liegt daran, dass sich unser menschliches Gehirn seit der Steinzeit nur geringfügig verändert hat. Damals lebten Menschen noch in sogenannten Horden (Familienverbünden) von ca. 50 bis 70 Personen zusammen, und für die eigenen Fortpflanzungsmöglichkeiten war es tatsächlich von äußerster Wichtigkeit, beim anderen Geschlecht nicht abzublitzen. Außerdem hätte man von einem Konkurrenten getötet werden können, denn Fortpflanzungspartnerinnen waren aufgrund der begrenzten Auswahl sehr begehrt.

Obwohl die Situation heute natürlich völlig anders aussieht, sind die gleichen Ängste immer noch in unseren Gehirnen abgespeichert. Wer genügend Alkohol trinkt, kann sie umgehen. Auch wer in seiner Jugend und Kindheit besonders clevere Eltern hatte und häufig die Erfahrung machen konnte, dass es nicht schwer ist, auf einen Menschen des anderen Geschlechts zuzugehen und einfach mal freundlich „Hallo" zu sagen, kennt keine Ansprechangst.

KAPITEL 22

Wie kann man diese Angst umgehen?

Natürlich gibt es psychologische Tricks, mit denen ich meine Teilnehmer dazu bringen konnte, dass sie keine Angst mehr hatten, Frauen anzusprechen (wirkt umgekehrt bei Frauen übrigens genauso), und die auch dafür sorgten, dass sich der Mann dabei behaglich und wohlfühlte. So wohl, dass er erstaunlich attraktiv auf das andere Geschlecht wirkte.

Dies erreichten wir mit der Neuausrichtung eines sogenannten Frames, also des Rahmens, in dem der Teilnehmer die Welt betrachtet. Jedem Menschen ist es möglich, sich für einige Minuten eine „neue Brille" aufzusetzen, mit der er die Welt aus einem anderen Blickwinkel betrachtet.

Diese Brille kann einen mutiger, aber auch ängstlicher machen.

Meine Coachingteilnehmer bekamen immer den folgenden Frame mit auf den Weg: „Stelle Dir vor, die Frau, die Du jetzt ansprichst, möchte Dich unbedingt küssen! Sei davon zutiefst überzeugt und sprich mit ihr aus der Gewissheit heraus, dass Du die volle Macht darüber hast, ob nun irgendetwas zwischen Euch laufen wird oder nicht. Sei freundlich, aber wisse stets, dass sie Dich UNBEDINGT und um jeden Preis küssen will, weil sie Dich unendlich attraktiv findet."

KAPITEL 22

Wirkt ein Mann, der normalerweise etwas unsicher im Umgang mit dem weiblichen Geschlecht ist, daraufhin attraktiver? Ich habe es tausendfach beobachten dürfen und verrate Dir: Ja, definitiv! Und zwar in einer erstaunlichen Weise.

Das, was Du in einem bestimmten Moment über eine Lebenssituation glaubst, kann den Ausgang dessen, was geschehen wird, stark beeinflussen.

Alle Sportprofis wissen genau, wie entscheidend die mentale Einstellung bzw. der Rahmen, in dem sie das Spiel oder den Wettkampf sehen, für den Ausgang ist.

Wenn wir uns die unglaublichen Erfolge des deutschen Fußballvereins und Rekordmeisters FC Bayern München in den Jahren 2013 bis 2016 anschauen, vor allem unter dem Trainer Pep Guardiola und mit Matthias Sammer als Sportdirektor, dann ist dies kein Zufall. Für den Trainer und auch den Sportdirektor war jedes einzelne Gegentor eine absolute Katastrophe, und ein Sieg mit nur 1:0 war nichts wert, solange die Mannschaft nicht auch toll gespielt und sich angestrengt hat.

Deshalb gewann der Verein in dieser Zeit über 95 % seiner Spiele und die meisten sehr deutlich. Der FC Bayern München war schon jahrzehntelang der erfolgreichste deutsche Fußballverein, aber diese Ära war eine besondere, denn alle Spieler wurden in einen Frame hineinversetzt, in dem es darauf ankam, in wirklich jedem Spiel das Beste zu geben.

KAPITEL 22

Erfolgreiche Menschen sind ALLE wahre Meister des Reframings und mittlerweile blitzschnell darin!

Die Methode des Framings lernte ich kennen, als ich noch mitten in meiner Umwandlungsphase vom frustrierten Messie zum erfolgreichen Menschen steckte. Ich las in Büchern davon und lernte sie auf einem Seminar kennen. Und sofort wollte ich diese Technik anwenden.

Ich versetzte mich also selbst regelmäßig in den Zustand eines erfolgreichen Menschen mit viel Selbstvertrauen. Am Anfang gelang es mir immer nur ein paar Minuten, dann fühlte ich mich wacklig und innerlich auch etwas unsicher. Doch es verfehlte seine Wirkung nicht.

Ich verwendete die Technik z. B. bei einem Vorstellungsgespräch für einen Job als Kellner. Ja, vielleicht keine große Sache, aber mir half damals mein „Ich bin ein Erfolgstyp"-Frame sehr dabei, nach außen erfolgreicher zu wirken, als ich es war.

Alle erfolgreichen Menschen verwenden REFRAMING, eine Methode, bei der Du einen vorhandenen Zustand in einen neuen Rahmen setzt.

Du erinnerst Dich sicherlich an das vorherige Kapitel „Es gibt keine Misserfolge, sondern nur Resultate!" Das ist bereits ein hervorragendes Reframing eines Zustandes.

KAPITEL 22

Du setzt ein bereits vorhandenes Gefühl/einen Gedanken einfach in einen neuen Rahmen:

Das Gefühl/der Gedanke war vorher: „Oje, ich habe versagt, das war ein großer Misserfolg!"

Das Gefühl/ der Gedanke ist nachher: „Interessantes Resultat. Ich habe erneut gelernt, wie es NICHT funktioniert, und bin damit einen Schritt NÄHER am Erfolg. Okay, dann beginnt nun der nächste Versuch. Ich mache das so lange, bis es klappt."

Erfolgreiche Menschen lassen eine Situation niemals in einem negativen Rahmen stehen, denn solch ein negativer Rahmen schwächt den Geist und die Motivation und gibt einem das Gefühl, man wäre auf dem falschen Weg.

Faktisch ist es aber völlig egal, was wir in unserem Kopf denken, denn es hat nur Einfluss darauf, wie wir uns fühlen, und auf nichts anderes. Und wenn wir uns besser fühlen und dafür in der Zukunft bessere Ergebnisse erreichen, dann ist es doch klug, sich in seinem eigenen Kopf so zu „programmieren", dass man sich möglichst gut fühlt und die eigenen Ziele daraufhin erreicht, nicht wahr?

Du kannst auch die gesamte Welt, in der Du lebst, in einen bestimmten Rahmen setzen.

KAPITEL 22

In den Jahren 2015 und 2016 gab es in Deutschland die sogenannte Flüchtlingskrise, ein sehr emotionsgeladener Name für eine Situation. In dieser Zeit kamen etwa 1,5 Millionen Flüchtlinge aus Kriegsgebieten nach Deutschland, was vielen Deutschen Angst und Unbehagen bereitete.

Dabei kam es tatsächlich vor, dass in einem 1500-Seelen-Dorf ein Flüchtlingsheim für 1.500 Asylsuchende gebaut wurde, die allesamt keine Arbeitserlaubnis und keinerlei Perspektive hatten, wie es weitergehen sollte.

Die Situation auf dem Dorfplatz war jetzt eine neue: Zusätzlich zu den Einheimischen trafen sich hier nun auch eine Menge Flüchtlinge aus Afghanistan, Syrien und anderen Ländern, die die deutsche Mentalität nicht kannten und frustriert waren, weil sie nicht arbeiten durften, wenig Geld zur Verfügung hatten und sich das Leben in Deutschland anders vorgestellt hatten.

Wenn jetzt ein Deutscher aus dem Frame/der Weltsicht der Angst heraus mittags gemeinsam mit seiner Tochter auf den Dorfplatz ging und dort auf einen Haufen angetrunkener Flüchtlinge stieß, die nichts Besseres mit sich anzufangen wussten, als gemeinsam mit ihren Freunden etwas Ablenkung zu finden, war der Ärger vorprogrammiert.

Hier trafen zwei völlig unterschiedliche Weltsichten und Lebenssituationen aufeinander. Die Politik hatte keine besseren Argumente, als dass die Deutschen hier Nächstenliebe zeigen sollten. Dieses Ansinnen stieß bei den meisten deutschen Bürgern, die viel zu sehr mit ihren eigenen Problemen

KAPITEL 22

beschäftigt waren, auf wenig Gegenliebe. Sie erwarteten Dankbarkeit und Zurückhaltung von den Flüchtlingen, diese wiederum erhofften sich Freundlichkeit und Herzlichkeit von den Deutschen, die sie nicht bekamen, denn die Deutschen sind tendenziell ein eher zurückhaltendes Volk (von vielen Massensituationen einmal abgesehen; ich halte mich selbst oft für lange Zeit in anderen Ländern auf und weiß, dass wir als Volk sicherlich nicht als offen und lebenslustig, sondern eher als zurückhaltend gelten).

Hatte der einheimische Bürger auf dem Dorfplatz in unserem Beispiel eine Chance, die Situation möglichst angenehm zu gestalten? Ja, absolut! Er hätte z. B. ein paar Brocken Arabisch lernen und freundlich auf die Flüchtlinge zugehen können, um ein nettes Gespräch mit ihnen zu führen. Die Wahrscheinlichkeit, auf eine freundliche Gegenreaktion zu stoßen, liegt bei geschätzten 99 %. Freundlichkeit und Herzlichkeit werden meistens entgegengebracht, denn die meisten Menschen sind sehr freundliche Wesen, die es lieben, respektvoll behandelt zu werden.

Ich lebe derzeit in einer spanischen Wohnung, und über mir wohnt eine vierköpfige spanische Familie mit ihrem Hund in vier Zimmern. Sobald der Hund alleine ist, bellt und jault er um sein Leben. Ich kann es sehr deutlich hören, aber es stört mich überhaupt nicht.

KAPITEL 22

Warum nicht? > Weil ich ein positives Bild von meinen Nachbarn habe und sie sehr gerne mag. Außerdem kann ich sehr gut verstehen, dass sie ihren Hund zwischendurch mal alleine lassen müssen. (Mittlerweile nehme ich den Hund manchmal auch für ein paar Stunden.)

Doch was wäre, wenn ich meine Nachbarn abgrundtief hassen würde? Hätte ich dann ähnlich viel Verständnis, wenn der Hund ständig bellt? Vermutlich nicht, oder?

Schlimmer noch: Was wäre, wenn ich zudem noch Hunde verabscheuen würde oder Angst vor ihnen hätte? Welches Bild hätte ich dann von meinen Nachbarn, und wie schlimm wäre dann die Situation für mich, wenn der Hund von oben stundenlang lautstark bellt?

Heißt das, ich habe selbst die Verantwortung für meine Gedanken und Gefühle? Ja, absolut. Zu 100 %! Wir sprechen hier schließlich von ein und derselben Situation, und das Ergebnis, wie ich mich fühle, hängt nur davon ab, wie ich darüber denke und welcher Mensch mit welchem Glaubenssystem und mit welchen Werten ich aktuell bin.

KAPITEL 22

Was heißt das nun für das Beispiel mit den Flüchtlingen?

Nun, die Einheimischen dieses 1.500-Seelen-Dorfes hatten ja nur exakt drei Möglichkeiten:

1. Wegziehen, weil sie die Situation so schlimm finden.
2. Sich tagtäglich ärgern und sich wehren.
3. Einen Weg finden, um schnellstmöglich mit der

Situation glücklich zu werden.

Alle drei Möglichkeiten sind vorhanden, und die Menschen reagieren in der gleichen Situation tatsächlich unterschiedlich.

Das Gleiche gilt für die Flüchtlinge: Manche waren den Deutschen gegenüber extrem dankbar und entwickelten Verständnis dafür, dass auch manche Einheimische Angst und Unsicherheit in der neuen Situation hatten. Bei anderen dominierte die Angst vor der Zukunft und den abweisenden und kalten Reaktionen mancher deutscher Bürger.

KAPITEL 22

Vor dem Schalter bei Eurowings tummelten sich ca. 50 wütende Menschen.

Hast Du schon einmal erlebt, was passiert, wenn ein Flugzeug mehrere Stunden zu spät kommt? Es ist erstaunlich, wie unterschiedlich die Passagiere in dieser Situation reagieren. Da ich persönlich sehr viel fliege, weiß ich aus eigener Erfahrung, dass eigentlich immer das Gleiche passiert:

In der ersten Stunde sind die meisten Passagiere noch ruhig. Danach beginnt sich eine allgemeine Unruhe im Warteraum breitzumachen, und die Ersten beschweren sich bei der Dame am Schalter (meistens ist nur eine einzige junge Dame anwesend), die immer nur etwas sagen kann wie: „Es tut mir leid, die Maschine hatte einen Defekt, doch soeben kommt ein Ersatz aus Athen angeflogen, deshalb dauert es leider insgesamt vier Stunden. Ich wünschte, ich könnte Ihnen etwas anderes sagen, aber das ist die momentane Situation."

Nach etwa zwei bis drei Stunden bildet sich dann eine Menschentraube um den Schalter, und die Ersten beginnen, sich lautstark zu beschweren, als wären sie persönlich betrogen worden.

Dabei befinden sich alle Passagiere in der gleichen Situation. Manche finden sich sofort mit der Situation ab, setzen sich an ihren Laptop oder ihr Tablet, suchen sich einen langen Film aus und schauen sich diesen an. Andere ärgern sich zwar etwas, machen sich aber klar, dass niemand diese Situation mit Absicht herbeigeführt hat, und fühlen sich deshalb auch nicht schlecht.

KAPITEL 22

Am schlechtesten fühlen sich immer diejenigen, die glauben, Opfer der Situation zu sein. Sie glauben, dass sie um ihr Lebensglück, das ihnen zusteht, betrogen wurden, und suchen den Fehler für ihr schlechtes Gefühl zwingend bei anderen.

Die Ursache für irgendeine Lebenssituation bei anderen Menschen statt bei sich selbst zu suchen, ist der schlimmste Fehler, den man begehen kann, denn hierdurch wird man sich unglücklich, frustriert und machtlos fühlen.

Wie auch im Beispiel mit der sogenannten Flüchtlingskrise. Wer auf einmal in seinem Dorf eine Situation vorfindet, die er so nicht erwartet hätte, kann sich als Opfer der Situation fühlen oder einen Weg finden, um schnell wieder glücklich zu werden.

Und Lebensglück hat niemals mit Hass oder der Ausgrenzung von anderen Menschen zu tun, sondern immer und ausschließlich mit Liebe, Mitgefühl und einem respektvollen Miteinander.

Der Frame eines Eifersüchtigen kann unglaublich schmerzhaft sein!

Sie wartet nun schon seit Stunden auf ihn, denn er hat versprochen, sich irgendwann zu melden und dann nach Hause zu kommen. Die beiden sind nun schon seit einem Jahr ein Paar, und seit zwei Wochen wohnen sie auch endlich zusammen, ein gemeinsamer Wunsch von beiden.

KAPITEL 22

Aber jetzt ist er am Abend weg und kommt einfach nicht nach Hause. Er wollte mit ein paar Freunden etwas trinken gehen, aber jetzt reißt ihr der Geduldsfaden. Obwohl sie ihm eigentlich demonstrieren will, dass sie nicht eifersüchtig ist und volles Vertrauen hat, greift sie um 3 Uhr in der Nacht zum Telefonhörer und ruft ihn an. Und dann passiert das Schlimmste, was sie sich nur vorstellen konnte: Er geht nicht dran! Schlimmer noch: Das Handy ist aus!

Ob er es bewusst ausgeschaltet hat, damit sie ihn nicht erreichen kann, oder ob der Akku einfach leer war, weiß sie natürlich nicht, aber ihr Herz rast vor Angst, dass er sie in genau diesem Moment betrügen könnte, während sie machtlos alleine zu Hause sitzt.

Sie will am liebsten etwas Sinnvolles tun, aber da sie nicht einmal genau weiß, wo er ist, kann sie nichts tun. Sich mit anderen Dingen ablenken, wie z. B. durch fernsehen, kann sie auch nicht, da ihr Gedankenkarussell nur um diese eine Situation kreist und nicht aufhören will. Ihr Herz pocht bis zum Hals, und sie beschließt irgendwann, dass er wirklich etwas erleben kann, wenn er nach Hause kommt. Wie kann er nur so rücksichtslos sein, denkt sie sich.

Wäre sein Handy eingeschaltet und hätte sie ihn erreichen können, dann wäre die Situation etwas besser, aber so ist sie beinahe unerträglich für sie.

Als er um 6 Uhr morgens angetrunken und müde nach Hause kommt, wartet sie in der Küche bereits auf ihn. Es gibt keine herzliche Begrüßung. Stattdessen verlangt sie jetzt ein Gespräch, denn ihr ist es stundenlang schlecht

KAPITEL 22

gegangen, und sie hat sich große Sorgen gemacht, während es ihm gut ging und er gemeinsam mit seinen Freunden den Abend genossen hat.

Sie findet sein Verhalten völlig rücksichtslos – und er: ist jetzt einfach nur müde und will schlafen.

Dabei ist es vollkommen egal, was er in der Nacht getan hat oder nicht, die Reaktion unserer Beispielfrau sorgte natürlich dafür, dass sie eine ganz furchtbare Zeit hatte.

Und das Drama, das sie jetzt dem armen, müden Kerl macht (nehmen wir mal an, er war treu und hat lediglich mit seinen Freunden etwas getrunken), trägt sicherlich nicht dazu bei, dass die Beziehung weiterhin glücklich und erfüllt verläuft.

Schuld daran war ihr Frame. Lass uns diese Situation einmal gemeinsam reframen:

Wäre sie genau so unglücklich und eifersüchtig gewesen, wenn sie gleichzeitig woanders mit ein paar Freundinnen etwas unternommen hätte? Vermutlich nicht, denn dann hätte sie genügend äußere Reize gehabt, um sich abzulenken.

Wäre sie so eifersüchtig gewesen, wenn es ihr in ihrem Leben gerade fantastisch gehen würde und sie sich für diesen Abend eine spannende Aufgabe

KAPITEL 22

vorgenommen hätte, wie z. B. an einem anspornenden Projekt zu arbeiten? Vermutlich nicht!

Sie hätte in einem ganz anderen Weltbild gelebt und wäre überhaupt nicht auf die Idee gekommen, sich stundenlang hinzusetzen und Angst zu haben, dass eine andere Frau besser geeignet sein könnte als sie selbst.

Du erfährst im 6. Teil dieses Buches in meinem 5-Tage-Programm noch Möglichkeiten, wie Du in einer akuten Situation reagieren kannst, in der Du Dich nicht zu 100 % wohlfühlst.

Hätte sie mitten in der Nacht auf den Gedanken kommen können: „Hey, ich bin selbst verantwortlich, und würde ich hier nicht alleine bei einem langweiligen Fernsehprogramm sitzen, wäre wohl alles erträglicher."?

Vermutlich war es dann schon zu spät! Sie hatte sich schon so tief in diesen negativen Gedankenstrudel hineinziehen lassen, dass nichts außer ein äußerer Reiz, wie z. B. sein Anruf, ihr ein gutes Gefühl hätte geben können.

Aber Fakt ist auch, dass Menschen, die in solche Situationen geraten (und ich weiß, dass sich einige Leser soeben in dieser Situation so oder ähnlich wiederfinden konnten), Möglichkeiten haben, ihren Zustand schlagartig zu verändern. Mehr dazu in Teil 6.

KAPITEL 22

Schwere Schicksalsschläge reframen!

Darf ein Mensch um den Verlust eines anderen Menschen trauern? Natürlich! Er muss es sogar, um seinen Schmerz zu verarbeiten, anstatt ihn in sich hineinzufressen. Aber dennoch gibt es eine gesunde Grenze zwischen der Verarbeitung eines schlimmen Erlebnisses und einer positiven Zukunftsaussicht. Und jeder Mensch, der einmal ein schreckliches Erlebnis, wie z. B. den Unfalltod eines nahestehenden Menschen, erlebt hat, hat dennoch das Recht – und beinahe die Pflicht –, ein würdiges und möglichst schönes Leben weiterzuleben.

Doch in welchem Rahmen kann man den plötzlichen Tod eines geliebten Menschen am besten betrachten?

Als mein eigener Vater am 1. Juni 2004 plötzlich starb, ich ihn auf seinem Totenbett liegen sah und die ganze Zeit dachte, er steht gleich wieder auf, war das ein schrecklicher und gleichzeitig unwirklicher Anblick für mich. Es kam einfach so plötzlich und unerwartet, dass meine gesamte Familie und ich unter Schock standen. Mein Vater war immer so etwas wie mein bester Freund gewesen, und wir hatten ein sehr intensives und enges Verhältnis zueinander. Und jetzt lag er da und war tot. Und der Gedanke, dass er nie mehr wiederkommen würde, schmerzte so unglaublich stark, dass es kaum zum Aushalten war.

Deshalb weinte ich einige Wochen lang sehr viel und konnte auch noch zwei Jahre nach seinem Tod nicht ohne starke Emotionen darüber sprechen.

KAPITEL 22

Was mir sehr half, war der Gedanke, dass meine Trauer niemandem etwas bringt, und mein Vater sich sicherlich nicht gewünscht hätte, dass ich in meinen jungen Jahren jahrelang trauere.

Letztendlich war sein Tod, so makaber das jetzt für manche vielleicht klingen mag, eine große Chance für mich und meine weitere Zukunft, denn der Schmerz über den Verlust war so gigantisch, dass ich mich danach vollkommen neu erfinden konnte.

Das war sicherlich ein Faktor, der zu meiner kompletten Wesensveränderung beigetragen hat.

Man kann also auch in einem solchen furchtbaren Ereignis versuchen, etwas Positives zu finden. Nur erlauben sich das die meisten Menschen leider nicht, weil sie glauben, es würde sich nicht gehören oder mangelnden Respekt ausdrücken, in diesem Fall dem Toten gegenüber.

Unternehmer sind immer Meister des Reframings!

Wenn man erfolgreiche Unternehmer fragt, ob sie von Anfang an durchgehalten hätten, ihr Unternehmen so erfolgreich zu machen, wenn sie gewusst hätten, was alles in den nächsten Jahren auf sie zukommt, dann antworten manche lächelnd und stolz mit: „Ich weiß es nicht genau!"

Denn die allermeisten Unternehmer müssen viele Resultate ganz genau anschauen und bewerten, bevor sie den Weg des Erfolges finden. Hier gilt es,

KAPITEL 22

eisern durchzuhalten, flexibel zu sein und immer wieder etwas Neues auszuprobieren, bis es klappt.

Jeder erfolgreiche Unternehmer kennt es, dass man monatelang an einem Projekt gearbeitet und unzählige Arbeitsstunden, Geld und Schweiß hineingesteckt hat, und am Ende funktioniert es überhaupt nicht. Man muss sich eingestehen: „Okay, das klappt nicht, ich muss etwas anderes ausprobieren."

War das Projekt dann umsonst?

Nein, absolut nicht! Man hat nur erneut einen Weg herausgefunden, der nicht funktioniert, und auch diese Erkenntnis ist wertvoll für die Zukunft!

KAPITEL 22

Fazit aus diesem Kapitel:

Du kannst ALLES im Leben aus verschiedenen Perspektiven betrachten. Unterschiedliche Perspektiven machen unterschiedliche Gedanken und Gefühle. Lerne, Dein Leben auf eine Dir förderliche Art und Weise zu betrachten, indem Du bewusst Reframing verwendest.

Frage Dich lieber Leser:

- Habe ich schon einmal in meinem Leben eine Situation total falsch bewertet und habe mich selbst schlecht gefühlt, obwohl das Ergebnis später viel positiver war, als ich die ganze Zeit über dachte?
- Habe ich schon einmal jemandem misstraut, bei dem sich am Ende doch herausgestellt hat, dass diese Person absolut vertrauenswürdig ist?

KAPITEL 22

Was solltest Du vermeiden?

- Für jede Lebenssituation gibt es ebenso eine negative wie auch eine positive Sichtweise. Wenn Du mitten in der Nacht bei null Grad die letzte Straßenbahn verpasst hast und einsam in der Kälte hockst, dann ist das wirklich schlimm … oder der richtige Moment, um neue Menschen kennenzulernen, auf die Du jetzt nämlich angewiesen bist. Eventuell entwickelt sich eine lebenslange Freundschaft aus den nächsten Momenten Deines Lebens, ohne dass Du es vorher geahnt hast …

Was führt zum Erfolg?

- Um Reframing zu erlernen, frage Dich immer: „Wie kann ich diese Lebenssituation auf eine Art und Weise betrachten, dass es mir in der Zukunft nützlich ist?"
- Finde immer den Blickwinkel, der Dir in der jeweiligen Lebenssituation am sinnvollsten für Deine Lebensqualität erscheint. Es wird letztlich (fast) immer der richtige sein! Wer Meister im Reframing wird, wird sich ein glückliches Leben erschaffen!

Kapitel 23 – Der richtige Mix aus Anspannung und Entspannung

„Regeneration und Schlaf ist für den ganzen Menschen, was das Aufziehen für die Uhr." – Arthur Schopenhauer

Viele Menschen sind auf der Suche nach der „optimal erreichbaren Leistung" und fragen sich, wie viel Potenzial noch in ihnen steckt. Andere fühlen sich ausgebrannt, obwohl sie – ihrer Meinung nach – noch gar nicht genug leisten, und fragen sich, was sie anders machen können, um an ihre „Leistungsgrenze" zu gelangen und lange Zeit mit hoher Energie zu funktionieren.

Das vorliegende Buch habe ich in weniger als zwei Wochen geschrieben. Die meisten Menschen finden das sehr schnell. De facto ist es aber aus mehreren Gründen überhaupt nicht schnell.

Die Gründe:

1. In dieser Zeit habe ich mich um keine andere Arbeit gekümmert, sondern mich ohne die geringste berufliche Ablenkung zu 100 % auf dieses Buch konzentriert.
2. Ich beschäftige mich seit über zehn Jahren sehr intensiv mit allen Themen, die in diesem Buch zur Sprache kommen, und muss nicht alles erst sorgsam neu recherchieren.
3. Ich kenne meine Kapazitätsgrenze sehr genau und mache Schluss, sobald ich an einem bestimmten Punkt angekommen bin. Mein

KAPITEL 23

Körper und mein Geist sagen mir dann: „Es ist genug, sei mit Dir zufrieden für heute und mache morgen mit voller Kraft weiter!"

Diese „Kapazitätsgrenze" ist definitiv NICHT erreicht, wenn ich mich vollends ausgelaugt fühle, aber auch nicht, wenn ich noch frisch im Kopf bin. Vielleicht hast Du Folgendes schon einmal erlebt:

Du arbeitest an einem Projekt, das Dich wirklich begeistert und das sich über mehrere Tage oder sogar Wochen/Monate erstrecken soll. In den ersten Tagen gibst Du richtig Vollgas, hast aber noch eine längere Strecke vor Dir, und auf einmal, von jetzt auf gleich, ist die Luft irgendwie raus. Du hast das Gefühl, Du musst Dich entspannen, zurücklehnen und einfach mal einen Gang runterschalten.

In vielen Projekten ist dies nur leider nicht möglich, weil der Chef oder das Team mit voller Kraft weitermachen will. Aber Fakt ist, dass es langfristig gesehen produktiver für alle wäre, wenn sich Menschen genau DANN erholen können, wenn sie Erholung brauchen. Klingt logisch? Ist es auch!

Das Geheimnis von konstant hoher Energie!

Es gibt Menschen – und das sind einige –, die ernsthaft davon ausgehen, dass ein Mensch am besten immer „auf Spannung" ist und dann auch am besten funktioniert. Das stimmt in einem gewissen Maße auch.

KAPITEL 23

Hast Du schon einmal erlebt, dass Du einige Wochen lang in einem richtigen Flow warst und top produktiv, dann kam ein Wochenende mit viel Alkohol und fettigem Essen dazwischen, und auf einmal war Deine Energie wie weggeblasen ,und Du hast erst einmal wieder eine Woche gebraucht, um „Anlauf zu nehmen" und wieder auf Touren zu kommen?

Der menschliche Körper ist eine Wundermaschine, und theoretisch kannst Du zwei Jahre mit voller Power 17 Stunden täglich arbeiten. Aber alles hat seinen Preis, und wahre Höchstleistungen über viele Jahre hinweg funktionieren am besten, wenn die optimale Balance zwischen Anspannung und Entspannung gefunden wird.

Dabei ist bei Anspannung zwischen sogenanntem Eustress (positivem Stress) und Distress (negativem Stress) zu unterscheiden.

Es gibt Menschen, die zwischen fünf gleichzeitig klingelnden Telefonen erst so richtig aufblühen und sich stundenlang pudelwohl fühlen (Eustress). Und es gibt andere, für die so ein Durcheinander bereits nach einer Stunde zur völligen geistigen Überlastung führt (Distress).

Kennst Du es, dass Du voll im Flow bist und nach einer Weile ein gewisses Gefühl der Anstrengung empfindest? Das ist der Wechsel von Eustress zu Distress, der auch gerne mal für eine Weile ausgehalten werden darf.

KAPITEL 23

Aber wer dauerhaft mit einer hohen Energie, ohne Burnout, totaler Erschöpfung und Co. laufen möchte, sollte seine eigenen Grenzen kennenlernen. In unserer heutigen Leistungsgesellschaft, in der derjenige der Held ist, der morgens als Erster das Bürolicht anknipst und am Abend als Letzter ausmacht, ist es beinahe schon schwierig, sich selbst vernünftige Grenzen zu setzen und auch mal mit der Arbeit aufzuhören, wenn man noch einigermaßen „frisch" ist.

Mütter und Väter kennen sicher die Situation, wenn die eigenen Kinder Aufmerksamkeit verlangen, man aber nach seinem Arbeitstag eigentlich überhaupt keine Power mehr hat und ihnen nur vorspielt, präsent zu sein.

Oder das Gefühl, morgens am Arbeitsplatz oder am Schreibtisch zu sitzen und einen leeren Kopf zu haben, der nur langsam funktioniert, weil man eben am Vortag richtig reingehauen hat.

Wer hier einfach die Zeichen des eigenen Körpers oder Kopfes ignoriert und pausenlos weitermacht, wird vielleicht mehr Stunden arbeiten, aber:

- weniger Ideen haben und schlechtere Entscheidungen treffen, als wenn er vollkommen ausgeschlafen, fit und erholt wäre;
- weniger Energie für andere Lebensbereiche zur Verfügung haben, die eigentlich Energie GEBEN sollen, wie Familie, Hobbys und Co.;
- immer wieder Leerlaufphasen während der Arbeit haben, in denen er zwar physisch, aber nicht wirklich geistig anwesend ist.

KAPITEL 23

Was ist der Unterschied zwischen den Top-20-Tennisspielern der Welt und den Top 100?

Das wollten die Wissenschaftler Tony Schwarz und Jim Löhr Ende der 80er-Jahre herausfinden und sichteten deshalb Tausende Stunden Videomaterial der 100 besten Spieler, um den wahren Unterschied zwischen diesen Spielern zu verstehen.

Folgendes stellte sich heraus:

Spielerisch unterschieden sich die Top 20 von den restlichen 80 NICHT! Alle hatten theoretisch die ungefähr gleichen spielerischen Fähigkeiten.

Das war schon mal eine sehr wichtige, aber auch bemerkenswerte Erkenntnis, da sie dem gesunden Menschenverstand und dem intuitiven ersten Gedanken sicherlich komplett widersprach.

Den Unterschied machten auch nicht bessere Trainer oder teureres Trainingsequipment aus.

Der wahre Unterschied zwischen den allerbesten und denen, die den entscheidenden Tick schwächer spielten, lag in den Pausen zwischen den Ballwechseln. Löhr und Schwarz fanden heraus, dass sich die besten 20 Spieler in den kurzen zehn- bis 30-sekündigen Pausen zwischen den Ballwechseln wesentlich schneller erholten als die anderen.

KAPITEL 23

Ihr Puls war einfach viel schneller wieder unten, und sie waren wieder rascher im Besitz ihrer geistigen Kräfte.

In ihrem Buch „Die Disziplin des Erfolgs" schildern Löhr und Schwarz, welche Kleinigkeiten sich in unserem alltäglichen Verhalten stark auf unseren Energiehaushalt auswirken und wie wir uns selbst optimal verhalten können, um die maximale Energie zur Verfügung zu haben.

Einige spannende Erkenntnisse über den gesunden Mix aus Anspannung und Regeneration:

1. Menschen, die spüren, dass sie genügend und regelmäßig Zeit für ihre Hobbys und Leidenschaften haben, sind insgesamt produktiver und versprühen mehr Energie.

Das könnte z. B. für Dein Leben bedeuten, dass Du nicht, wie es leider so viele Menschen tun, auf Deine heiß geliebten Hobbys verzichten sollst, weil Du „einfach keine Zeit mehr dafür hast", sondern Dir dafür einen Freiraum in Deinem Leben schaffen musst.

Je eine Stunde Tennis zweimal pro Woche können einen Tennisliebhaber, der vorher immer gestresst war, weil er sich die Zeit für seinen Sport nicht genommen hat, von einem gestressten Menschen zu einem entspannten machen.

Wer in seiner Kindheit schon immer gerne gemalt hat, aber aus Zeitgründen dieses Hobby komplett aufgegeben hat, wird vermutlich nicht mehr

KAPITEL 23

daran denken, es aber insgeheim sehr vermissen und total froh sein, wenn sich in seinem Leben mal wieder die Gelegenheit ergibt, diese Leidenschaft auszuleben.

Ein Mensch, der in seiner Jugend immer sehr gerne auf Pferden geritten ist und es dann aufgegeben hat, weil er z. B. in einen Ort gezogen ist, in dem es keinen Pferdehof gibt, kann nach einer gewissen Zeit eine Leere in seinem Leben verspüren und jahrelang oder sogar bis zu seinem Lebensende nicht bemerken, dass ihm das Pferdereiten extrem gut getan hat.

Jeder Mensch hat Leidenschaften und Hobbys, die auf keinen Fall einem „vernünftigen und geordneten" Leben geopfert werden dürfen.

2. Ein Mensch, der sich nicht die notwendige Zeit zur Entspannung nimmt, ist eventuell gereizt und aggressiv.

Menschen, die ständig unter Strom stehen, haben selbstverständlich wie alle Menschen eine Energiegrenze. Ist sie erst mal erreicht, dann muss sich nur ein Ventil finden und die gesammelte Distress-Energie wird sofort abgeladen.

Bei manch einem erfolgreichen Geschäftsmann trifft das leider die Ehefrau oder die Kinder, obwohl das überhaupt nicht seine Absicht ist. Er hat sich einfach zu viel aufgeladen und keinen Energiespeicher mehr zur Verfügung, um sich zusammenzureißen.

KAPITEL 23

Menschen, die häufig gereizt reagieren, sollten sich fragen, ob sie momentan das Richtige tun, was sie erfüllt. Und falls das zutrifft, sollten sie sich weiter fragen, ob es unter Umständen sinnvoll ist, etwas kürzer zu treten und sich selbst mehr Zeit zum Entspannen zu gönnen.

Für manche wäre es vielleicht eine Lösung, auf ihren heißgeliebten Audi A6 zu verzichten, der schick vor der Tür steht und die Nachbarn beeindruckt, und stattdessen einen unscheinbaren Kleinwagen zu fahren und mehr Zeit für die Familie zu haben.

Viele Menschen müssen für Statussymbole arbeiten, die eigentlich unwichtig sind und ihnen mehr Lebensenergie rauben als geben.

3. Menschen die nicht genügend regenerieren, treffen schlechtere Entscheidungen für ihr Leben und ihre Karriere.

Wer sich ausgelaugt fühlt und eine Entscheidung treffen muss, in der es z. B. um 20.000 Euro geht, sollte vielleicht als Allererstes – falls es die Zeit irgendwie zulässt – zwei Wochen für 3.000 Euro in die Karibik fliegen, sich entspannen und dann besser eine Entscheidung aus der Entspannung und einem freieren Kopf heraus treffen als unter dem aktuellen Alltagsstress. Möglicherweise ist dies nicht nur mental, sondern auch finanziell die klügere Entscheidung.

KAPITEL 23

Menschen hetzen sich häufig und versuchen, Entscheidungen möglichst schnell zu treffen. Aber die Qualität von Entscheidungen ist besser, wenn Du Dir Zeit lässt und die eine oder andere Nacht darüber schläfst.

Natürlich kann man auch eine Entscheidung, die auf der Hand liegt, unnötig lange hinauszögern und sich selbst von seinem Glück (oder Pech) abhalten, aber das ist ein ganz anderes Thema.

Der umgekehrte Fall

Das Gegenteil ist der Mensch, der sich ständig unterfordert und darum überhaupt keine „geistigen Muskeln" aufbauen kann, die ihn auf Dauer stärker machen könnten. Jemand, der immer weniger macht, als er eigentlich könnte, wird geistig verkümmern und sich in seinem tiefsten Inneren hundeelend fühlen.

Dies muss er dann durch unkontrollierten Konsum kompensieren. Durch Fernsehprogramme, Alkohol, Zigaretten und was es sonst noch alles für Möglichkeiten gibt, um sich von einem sinnlosen Leben der Unterforderung und Langeweile abzulenken.

Wer z. B. über viele Monate hinweg arbeitslos ist und sich selbst bereits aufgegeben hat, wird zwangsläufig unter einem immer schlechteren Selbstwertgefühl leiden, bis er wieder eine neue, spannende Aufgabe findet, bei der er sich lebendig fühlt.

KAPITEL 23

In einem erfüllten Leben geht es darum, sich weder zu überfordern noch zu unterfordern, sondern ein gesundes Maß zu finden, mit dem man sich entspannt und gleichzeitig ausgelastet fühlt.

KAPITEL 23

Fazit aus diesem Kapitel:

Das Leben ist eher mit einem Marathon als mit einem Sprint zu vergleichen. Wer schon einmal einen Marathon erfolgreich absolviert hat, weiß: Man muss sich die eigenen Kräfte sehr gut einteilen, denn sonst wird man nicht die optimale Leistung aus sich herausholen können!

Die Kunst liegt darin zu lernen, wann Du wirklich ausgelaugt und müde bist und für diesen Tag aufhören solltest bzw. es Zeit für eine Pause ist und wann Du dagegen noch weitermachen solltest. Das erste Anzeichen von Müdigkeit oder Erschöpfung ist natürlich nicht DAS Zeichen, jetzt sofort aufzuhören, denn jeder Mensch hat eine eigene Grenze, die es sich lohnt herauszufinden, um langfristig optimal leistungsfähig zu sein!

Frage Dich lieber Leser:

- Habe ich schon einmal gereizt oder aggressiv reagiert, weil ich überlastet war?
- Wie viele Stunden pro Woche kann ich optimal arbeiten und eine gute Leistung erbringen?
- Wie viel Regeneration brauche ich, wenn ich die Möglichkeit dazu habe, mir diese zu nehmen?

KAPITEL 23

Was solltest Du vermeiden?

- Arbeite nicht bis zur totalen (geistigen oder körperlichen) Erschöpfung, denn dieser Zustand rächt sich bereits am nächsten Tag, an dem Du dann nicht mehr Deine optimale Leistungsfähigkeit zur Verfügung hast.

Was führt zum Erfolg?

- Lerne herauszufinden, mit welchem Arbeitspensum Du Dich wirklich wohlfühlst und wann eine perfekte Grenze ist, um Dich zwar zu verausgaben und das Gefühl zu haben, etwas geleistet zu haben, bei der Du Dich aber auch nicht so stark verausgabst, dass Du am nächsten Tag nicht mehr die optimale Energie zur Verfügung hast. Deine Freunde und Deine Familie werden Dir dankbar sein, wenn Du eine ausgewogene Balance findest, mit der Du Dich wirklich wohlfühlst!

KAPITEL 24

Kapitel 24 – Unerschütterliches Selbstvertrauen – behalte Deine Macht

„Selbstvertrauen ist die erste Voraussetzung für große Vorhaben." – Samuel Johnson

Stelle Dir vor, Du erkennst eines Tages, dass Dein Leben gar nicht Dir gehört, sondern jemand anderem, der ständig Macht über Dich ausübt. Vielleicht Dein Chef? Dein Vater oder Deine Mutter? Einer Deiner Freunde? Dein Lebenspartner? Ein naher Verwandter?

Oder bist es momentan tatsächlich Du, der die Macht über Dein Leben hat?

Wichtig: Damit ist nicht gemeint, dass die eigenen Kinder oder der Partner auch mal Energie bündeln, Zeit fordern und zwischendurch „bespaßt" werden müssen oder dass es auch mal anstrengend wird mit Menschen in unserem direkten Umfeld.

Aber wer hat die Kontrolle? Hast Du in diesem Moment Deines Lebens das Gefühl, dass Du frei bestimmen kannst, was Du in den nächsten Tagen, Wochen und Monaten tust, oder hat jemand anders diese Macht?

Noch eine Frage: Hast Du Dein Leben, so wie es jetzt ist, frei gewählt?

KAPITEL 24

Oder würdest Du behaupten, dass Du es Dir nicht selbst ausgesucht hast und in eine Situation „hineingeschliddert" bist, die Dir überhaupt nicht gefällt und für die Du nicht die geringste Verantwortung hast?

Viele Menschen sehen sich selbst als Opfer der Umstände, zumal uns die Medienlandschaft weismachen will, dass es „die da oben" gibt, die die Entscheidungen fällen, und „uns da unten", die nichts zu sagen haben, aber die Entscheidungen mittragen müssen.

Es gibt nur EINE einzige Lebenseinstellung, die Dir wahre Macht verleiht!

Klar: Deine Eltern oder andere Personen haben Dich großgezogen, und sie hatten eine ganze Menge mitzubestimmen, wie Dein Leben bis zu einem bestimmten Zeitpunkt verläuft. Aber irgendwann in Deinem Leben kam der Punkt, an dem Du eigene Entscheidungen treffen durftest und selbst wählen konntest, wie es weitergeht und was Du zu tun bereit bist und was nicht.

Zwingt Dich irgendjemand täglich zu dem Job zu fahren, den Du nicht magst? Du denkst vielleicht: „Ja, denn sonst verdiene ich kein Geld", aber Du vergleichst in Wirklichkeit Preise. Und der Preis der Arbeitslosigkeit ist Dir momentan zu teuer, darum fährst Du tagtäglich zu einem Job, den Du nicht magst, weil Du einfach nicht arbeitslos sein oder von weniger Geld leben willst.

KAPITEL 24

Fakt ist aber, dass wir in Deutschland in einem Sozialstaat leben, in dem jeder Mensch die freie Wahl hat, ob er morgen noch zur Arbeit gehen will oder nicht. Einzig die Lebensqualität und der Lebensstandard könnten sinken, doch es gibt ein gewisses soziales Netz, das einen auffängt.

Darum gibt es zwar immer noch Millionen Menschen, die in einem Job arbeiten, den sie nicht mögen, aber niemand ist dazu gezwungen! Darüber sind sich die meisten zwar nicht bewusst, aber jeder Mensch hat die freie Wahl, beruflich das auszuüben, was er tun möchte.

Mein Lieblingszitat

Du hast in diesem Buch schon einige Zitate über das Leben, die persönliche Weiterentwicklung und Co. gelesen. Das folgende Zitat ist seit einigen Jahren mein absoluter Liebling:

„Wem Du die Schuld gibst, dem gibst Du die Macht." – Dr. Wayne Dyer

Nur wenn Du Dir selbst die volle Verantwortung dafür gibst, wie Dein eigenes Leben bisher verlaufen ist und weiterhin verläuft, wirst Du die Macht haben, es zu ändern.

Wer glaubt, er könne nicht frei wählen, ist machtlos und wird sich immer als hilfloses Opfer wahrnehmen, das handlungsunfähig ist und es niemals erreichen wird, das eigene Leben nach den eigenen Idealen, Vorstellungen und Wünschen zu leben.

KAPITEL 24

Die Möglichkeit zu wählen, versetzt Dich in die Lage, in Zukunft tun und lassen zu können, was auch immer Du willst. Doch dazu muss Schluss sein mit Ausreden wie:

- „Hätten meine Eltern mich anders/besser erzogen, hätte ich heute mehr Möglichkeiten."
- „Wäre mir das tragische Erlebnis XY nicht passiert, dann wäre ich heute in meinem Geist frei und könnte erfolgreicher sein!"
- „Würde der Staat das bedingungslose Grundeinkommen einführen, DANN könnte ich endlich beginnen, richtig zu leben und meinen Traumjob auszuüben!"

Alle Gedanken, die anderen und nicht Dir selbst die Verantwortung in die Schuhe schieben, sorgen dafür, dass Du Dich selbst kleiner machst, als Du bist, und stets unter Deinen Möglichkeiten bleibst. Vielleicht gab es Menschen, die sich Dir gegenüber besser hätten verhalten sollen, und eventuell hast Du sogar schon schlimme Dinge erlebt, die dafür gesorgt haben, dass Du aktuell nicht so erfolgreich bist, wie Du sein könntest. Aber spätestens ab jetzt solltest Du zu Dir selbst sagen:

„Heute ist der erste Tag vom Rest meines Lebens, und ich treffe die Entscheidung, mein Leben selbst zu 100 % in die Hand zu nehmen!"

Was auch immer in der Vergangenheit passiert ist, ist nun einmal vorbei, und Deine Zukunft ist ein Buch, das erst noch geschrieben werden muss. Darum

KAPITEL 24

höre bitte ein für alle Male damit auf, Geschehnisse aus der Vergangenheit zu beklagen, und hole Dir die Macht über Dein Leben zurück, indem Du zukunftsorientiert denkst.

Wie ich einmal die vollständige Macht über eines meiner Unternehmen verlor:

Dieses Projekt machte mir riesengroßen Spaß. Zu Beginn stellte ich ein Team aus fünf Leuten zusammen, die alle mit Spaß und Sachverstand an die Sache gingen.

Nach einer Weile gab es einige Streitereien, und wir tauschten einen der fünf Mitarbeiter gegen einen anderen aus, der mit einem Mitglied im Team verwandt war.

Daraufhin bildeten sich leider zwei Grüppchen im Team. Zu allem Überfluss kamen noch drei weitere Teammitglieder hinzu. Dadurch hatte ich die Kontrolle über mein Unternehmen verloren. Die Entscheidungen wurden oft „in der anderen Gruppe" getroffen, die nicht die gleichen Interessen verfolgte wie ich.

Nun war ich in der folgenden Situation:

Ich hatte ein ganzes Jahr lang eine Firma mit aufgebaut, hatte viel Schweiß, Herzensblut und Tränen hineingesteckt und befand mich in einer Situation, in der ich kaum noch Macht oder Kontrolle über den Fortgang des Unterneh-

KAPITEL 24

mens hatte. Schlimmer noch: Das Projekt machte mir überhaupt keinen Spaß mehr, denn ich sah, wie es in die falsche Richtung abglitt. Ich musste also eine Entscheidung treffen.

Dazu hielt ich mich an das folgende Prinzip:

Love it, leave it or change it.

Dieser Grundsatz hat etwas Magisches, und jeder Mensch sollte sich hin und wieder fragen:

Liebe ich, was ich tue? Falls ja, dann mache ich weiter. Falls nein: Habe ich die Chance, es zu ändern, und wie konkret ändere ich es?

Falls es mir nicht gefällt und ich keine Chance zur Änderung sehe, dann verlasse ich es und konzentriere mich auf etwas Neues.

Mit diesem schlichten Prinzip kannst Du jede Entscheidung im Leben vereinfachen, auch wenn dies im ersten Moment simpler klingt, als es eigentlich ist.

Als ich meine Entscheidung treffen musste, buchte ich erst einmal einen siebentägigen Urlaub in der Sonne und dachte in dieser Zeit nur wenig über die Situation nach, sondern schaltete völlig ab und genoss die Sonne und den Rotwein. Und als ich zurückkehrte, war meine Entscheidung auf einmal völlig klar.

KAPITEL 24

Und wie es so oft im Leben ist: Wenn Du etwas verlässt, was Dir nicht gefällt, dann kommt etwas Neues. Und diese neue Möglichkeit kannst Du nur ergreifen, weil Du das Alte bewusst abgewählt hast. Das ist ein ungeschriebenes Lebensgesetz.

Doch jetzt kommt der Haken an der Sache, denn:

„Leiden ist leichter als Handeln!" – Reinhard K. Sprenger

Es ist viel leichter, in einem unangenehmen Lebensdauerzustand, den man gar nicht wirklich liebt, zu verharren, als sich aufzuraffen und ihn zu ändern. Man weiß zwar ganz genau, dass es wichtig wäre, etwas zu ändern. Man fühlt es mit jeder Faser seines Körpers, aber man tut es einfach nicht, weil wir Menschen intuitiv große Angst vor dem Unbekannten haben.

Wir fühlen uns wohl in unserer Komfortzone und bleiben deshalb lieber in einem unangenehmen Zustand, den wir kennen, als uns die Chance zu geben, einen neuen Zustand auszuprobieren, den wir noch nicht kennen.

Schließlich „überleben" wir aktuell in dem Zustand, in dem wir uns befinden, und halten ihn irgendwie aus. Wer still vor sich hin leidet, wird an diesem Zustand deshalb leider oft nichts ändern.

KAPITEL 24

Daher leben viele Millionen Menschen ihre Träume NICHT und tun das, was sie tun, obwohl sie es nicht lieben! Weil leiden eben viel leichter ist, als endlich zu handeln!

Um aus dem Zustand des Leidens herauszutreten, gibt es keine „magische Methode", die das Aussteigen erleichtert.

Man braucht Mut, denn sonst wird man an „Arm-Mut" leiden. Arm an Mut zu sein, sorgt leider dafür, dass Menschen in Zuständen verharren, aus denen sie am liebsten aussteigen würden, was sie sich aber nicht trauen, weil sie fürchten, dass ihr Leben danach nicht besser, sondern schlechter wird.

Dies passiert allerdings so gut wie nie! Mut wird immer belohnt! Und wenn Du erst einmal wieder frei im Kopf bist, wirst Du sowieso über eine ganz andere, neue Energie verfügen und neue Ideen entwickeln, an die Du jetzt noch gar nicht denkst.

KAPITEL 24

Fazit aus diesem Kapitel:

Tu nie etwas über eine längere Zeit, was Dir nicht gefällt! Das klingt zwar einfacher, als es ist, lässt sich aber definitiv für jeden Menschen in unserer westlichen Gesellschaft umsetzen, der sich nicht in Gefangenschaft befindet oder dergleichen. Wir haben unbegrenzte Möglichkeiten, um uns das Leben unserer Träume zu erschaffen, wenn wir über den Tellerrand hinausblicken und bereit sind, neue Wege zu beschreiten.

Love it. Leave it. Or change it. Behalte diese Worte immer in Deinem Hinterkopf, falls Du Missstände in deinem Leben entdeckst wie einen ungeliebten Job oder Freunde, die Du eigentlich weniger sehen solltest. Es ist immer Deine freie Entscheidung, und wahres Selbstvertrauen kann nur der Mensch haben, der eigene freie Entscheidungen trifft. Dafür braucht es auch manchmal den MUT, zu dem zu stehen, was Dir wichtig ist!

Frage Dich lieber Leser:

- In welchen Lebensbereichen gebe ich eventuell aktuell meine Macht ab?
- Mag ich meinen Job wirklich, oder übe ich ihn nur wegen des Geldes aus und nehme Dinge hin, die ich sonst nicht hinnehmen würde?

KAPITEL 24

Was solltest Du vermeiden?

- Höre nicht zu sehr auf Deinen Kopf, sondern mehr auf Dein Gefühl, wenn Du bemerkst, dass in Deinem Leben etwas nicht in Ordnung ist.
- Lass Dich niemals von jemand anderem kleinhalten und beleidigen. Das darf niemand mit Dir machen, denn Du bist ein wertvoller Mensch und hast es verdient, auch so behandelt zu werden!

Was führt zum Erfolg?

- Finde immer Mittel und Wege, in Deinem Leben das zu tun, was Dich wirklich von Herzen erfüllt. Entferne Menschen aus Deinem Leben, die Dich nicht mit vollem Respekt behandeln und Dich kleinhalten wollen. Lass Dich niemals auf eine Vereinbarung ein, zu der Dein Herz ganz klar Nein sagt!

KAPITEL 25

Kapitel 25 – Die richtigen Menschen um Dich herum

„Du bist der Durchschnitt der fünf Menschen, mit denen Du Dich am meisten umgibst." – Jim Rohn

Was bedeutet für Dich wahre Freundschaft?

Was bedeutet für Dich „ein schönes Beisammensein" mit Menschen, die Du liebst?

Müssen Menschen, mit denen Du Dich viel und regelmäßig umgibst, zwangsläufig positiv oder erfolgreich sein, oder kommt es Dir einfach nur auf ein gutes Herz und eine schöne Zeit miteinander an? Oder versuchst Du, beides miteinander zu kombinieren?

Nein, ich werde Dir in diesem Kapitel definitiv nicht vorschlagen, Dich von allen Menschen zu entfernen, die Dich nicht weiterbringen. Es ist auch nicht ratsam, ausschließlich mit Menschen zu tun zu haben, die in ihrer Entwicklung weiter sind als Du, zumindest nicht als bewusst herbeigeführter Zustand.

Freundschaften sind nämlich vor allem eine Sache des Herzens und weniger des analytischen Verstandes, und das ist auch gut so!

Deshalb solltest Du eine Freundschaft, an der Dein Herz hängt, gut pflegen und darauf achten. Aber nicht um jeden Preis!

KAPITEL 25

Kiffer mit Kiffern … Traurige mit Traurigen … Arme mit Armen … Depressive mit Depressiven …

In den letzten Jahrzehnten hat sich eine neue, große Gruppe Menschen entwickelt, die sehr offen für Veränderung, Persönlichkeitsentwicklung und die Entfaltung des eigenen Lebens ist. Du gehörst ebenfalls dazu, sonst würdest Du diese Zeilen hier nicht lesen.

Du bist vermutlich eine Person, die sehr offen dafür ist, ihr Leben zu einem Ort mit mehr Liebe, Gesundheit, Erfolg und Reichtum zu machen.

Was wir uns nicht aussuchen können, sind die Familien, in die wir hineingeboren werden. Meiner eigenen Mutter bin ich für immer extrem dankbar dafür, dass sie alles, was in ihrer Macht stand, getan hat, um mich großzuziehen.

Dennoch raucht sie, schaut täglich einige Stunden fern, und zwar Privatsender, die ich mir niemals anschauen würde. Für sie war schon immer eine Autoreise von 100 km so anstrengend wie für mich eine Flugreise von zehn Stunden. Außerdem spricht sie leider sehr häufig über Krankheiten. Als Mensch, der sich viel mit dem Thema beschäftigt hat, was welche Auswirkungen auf das eigene Leben hat, weiß ich, dass es keine allzu gute Idee für die eigene Gesundheit ist, viel über Krankheiten nachzudenken.

Soll ich deshalb den Kontakt zu meiner eigenen Mutter abbrechen?

KAPITEL 25

Selbstverständlich nicht! Ich liebe meine Mutter, und ich rufe sie mindestens zweimal pro Woche an, und wir telefonieren immer lange und ausführlich miteinander. Für mich würde es sich schrecklich anfühlen, mich von meiner eigenen Familie zu distanzieren.

Dennoch kenne ich Fälle, in denen es gut und richtig war, dass sich jemand zumindest für eine Zeit lang von der Verwandtschaft fernhielt, um eigene Gedanken zu entwickeln und sich von dem schädlichen Einfluss der Verwandten zu lösen.

Es ist statistisch erwiesen, dass Menschen überwiegend Kontakte zu denjenigen haben, die z. B. das Gleiche verdienen wie sie selbst. Ein Millionär hat nur sehr selten intensiven Umgang mit einem Hartz-IV-Empfänger, ein extremer Kiffer ist kaum mit einem Menschen befreundet, der regelmäßig joggt und Wert darauf legt, sich gut zu organisieren, um im Berufsleben erfolgreich zu sein.

Dann gibt es noch die breite Masse, die sich gerne über die Politik beschwert und darüber, dass „die da oben" ja immer machen, was sie wollen, und man „als kleiner Mann oder kleine Frau" sowieso keine Chance hat und Opfer der Umstände ist.

KAPITEL 25

Solche Menschen können Stunden damit verbringen, sich darüber zu beschweren, wie viel Profifußballer verdienen, anstatt es ihnen einfach von Herzen zu gönnen und zu verstehen, dass sie selbst an deren Stelle das Geld genauso annehmen würden.

Sie haben einen sehr negativen Fokus auf das Leben und rotten sich zu großen Gruppen zusammen, die allesamt gleich denken. So kann man sich gemütlich treffen und gemeinsam darüber klagen, wie schwierig alles ist und was alles falsch läuft in dieser unfairen Welt voller Betrüger und Gauner.

Erfolg zieht Erfolg an! Und Negatives zieht Negatives an!

Als ich mir vor einigen Jahren als Messie und Hart-IV-Empfänger das Ziel setzte, Millionär zu werden und glücklich und selbstbewusst zu sein, habe ich beschlossen, zu allen Menschen den Kontakt abzubrechen, die mir dabei im Wege standen und versuchten, mich wieder runterzuziehen.

Es gibt immer jemanden, der das versucht, wenn Du Dich auf den Weg zu „anderen Sphären" machst und aus Deinem bisherigen Leben ausbrichst. Das ist nicht böse gemeint, sondern ein ganz normales menschliches Verhalten, um diejenigen, die wir gerne mögen nahe bei uns zu halten. Schickt sich jemand an, erfolgreicher zu werden, birgt das die Gefahr, dass sich die Person entfernt. Also versuchen viele, diese Person wieder an sich zu ziehen, in diesem Fall „nach unten".

KAPITEL 25

Wer zu Dir so etwas sagt wie: „Komm, nimm das Bier und den Korn, Du hast doch sowieso keine Chance, erfolgreich zu werden. Du bist, wie Du bist, und das wird sich auch niemals ändern!", ist tatsächlich gefährlich für Deine Weiterentwicklung. Nicht weil er Dich aufhalten will, sondern weil er kleine Samen des Zweifels in Dein großes Vorhaben streuen kann, die auf Deinem Lebensweg einfach nicht notwendig sind.

Solange es nicht Deine allerbesten Freunde sind, die Du sehr magst und auf die Du nicht verzichten kannst, gib solchen Menschen einen Abschiedskuss und lass nur Menschen in Dein Leben, die Dich bei Deinen Vorhaben unterstützen und an Deiner Seite sind.

Und falls es sich um Familienmitglieder handelt, die an Dir zweifeln und Dir im Wege stehen, dann halte einfach eine Weile Abstand von ihnen. Familienmitglieder kriegen sich spätestens dann wieder ein, wenn Du echte Resultate in der Realität geschaffen hast.

Wer an Deinem Vorhaben der Selbstständigkeit zweifelt und Dich für einen Versager hält, wird spätestens dann verstummen, wenn Du mit einem nagelneuen Porsche in der Einfahrt stehst und zur Begrüßung hupst. Glaube es mir, ich habe das selbst genauso erlebt!

KAPITEL 25

Fazit aus diesem Kapitel:

Mit den richtigen Menschen um Dich herum hast Du die optimale Umgebung für Glück, Erfolg und Wohlstand geschaffen, denn diese Menschen werden Dich positiv beeinflussen, Dich unterstützen und Dir zeigen, dass Du wertvoll bist!

Umgekehrt ist es leider ganz genau so: Wenn Du die falschen Menschen um Dich herum hast, werden Sie Dich kleiner reden, als Du bist, Dich regelmäßig in Deinen Gefühlen verletzen und Dich auf dem Weg zu Glück, Freude und Erfüllung blockieren.

Frage Dich lieber Leser:

- Welche Menschen in meinem Umfeld tun mir wirklich gut, und sollte ich nicht noch mehr Zeit mit genau diesen Menschen verbringen?
- Welche Menschen in meinem Umfeld habe ich nur um mich, um eventuell weniger alleine zu sein oder weil ich mich verpflichtet fühle? Und wie kann ich es schaffen, weniger Kontakt zu diesen Menschen zu haben?

Was solltest Du vermeiden?

- Alle Menschen, die Dich beleidigen, runtermachen oder kleinreden.
- Alle Menschen, die Dir das Gefühl geben, dass Du Dich ständig

KAPITEL 25

selbst überschätzt, denn solche Menschen blockieren Dich dabei, Dich frei zu entfalten. (Außer Du bist 1,40 m groß und willst der beste Basketballspieler aller Zeiten werden, in diesem Fall hätten diese Menschen recht.) ;)

Was führt zum Erfolg?

- Umgib Dich mit Menschen, die an Dich und Deine Ziele glauben und die Dich bestärken und Dich unterstützen!

Teil 6

Fünf Tage, die Dein Leben für immer verändern werden

„Die reinste Form des Wahnsinns ist es, alles beim Alten zu lassen und zu hoffen, dass sich etwas ändert." – Albert Einstein

Der Sinn dieses 5-Tage-Schnellkurses

Gemeinsam mit meinem Change-Team habe ich mehrere lebensverändernde Trainings entwickelt, unter anderem unser 30-Tage-Programm „Der Meilenstein", das bereits die unsichtbaren Ketten von zigtausend Menschen sprengen konnte und für schier unglaubliche Veränderungen verantwortlich ist.

Auch mein Live-Workshop-Programm „Success Mind Mastery", das drei Tage live vor Ort mit mir und meinem Team stattfindet und danach 28 Tage in einem intensiven Trainingsprogramm zu Hause fortgesetzt wird, zählt dazu. Dieses ist für viele meiner Teilnehmerinnen und Teilnehmer eine so intensive Erfahrung, dass sie noch viele Jahre später auf mich zukommen und mir mitteilen, dass damit der Grundstein für ihren ganzen Erfolg gelegt wurde und sie damit endlich frei wurden.

Solche Intensivprogramme können Menschen ein für alle Male verändern, sodass sie für immer auf der Erfolgsbahn unterwegs sind, ganz egal, wie ihr Leben vorher verlaufen sein mag. Das Geheimnis liegt meistens darin, dass es mehrere Tage hintereinander gibt, an denen Du zielgerichtet einzelne Schritte für Deine Entwicklung machst, die am Ende zu einem „großen Ganzen" führen.

Auf den letzten Seiten dieses Buches erfährst Du mehr über den „Meilenstein" und die „Success Mind Mastery". Zunächst geht es hier um ein 5-Tage-Programm, das Dein Leben bereits stark verändern kann. Du hast zwar „nur" ein Buch zur Verfügung statt täglicher Videos wie im „Meilenstein", aber dennoch kann dieses folgende Programm eine sehr intensive Wirkung auf Dein Leben haben, wenn Du Dir die Chance gibst, es selbst einmal auszuprobieren.

Du wirst also mithilfe des folgenden Programms in den nächsten Tagen gezielte Reize auf Dein Bewusstsein und Dein Unterbewusstsein „abfeuern", die bestimmte Teile in Dir so stark in Bewegung versetzen, dass daraus eine lebensverändernde Erfahrung wird, wenn Du Dich ganz genau an alle Details hältst, die ich Dir erklären werde.

In den folgenden fünf Tagen bekommst Du jeweils eine Aufgabe, die nicht viel Zeit kosten wird, aber manchmal eventuell etwas Überwindung. Diese Tagesaufgabe erledigst Du.

An Tag 5 wirst Du genauer verstehen, wie stark dieser Kurs tatsächlich auf Dich gewirkt hat und welchen Sinn solche mehrtägigen Praxiserfahrungen haben.

TAG 1

Tag 1 – Gefühle sind alles!

„Es gibt keine Grenzen. Weder für Gedanken noch für Gefühle. Es ist die Angst, die immer Grenzen setzt." – Ingmar Bergman

Die meisten Menschen verstehen unter einem lebenswerten Leben, glücklich zu sein und von Menschen umgeben zu sein, die man liebt.

Wenn wir bei allen Vorstellungen, die Menschen von einem erfüllten und guten Leben haben, einen gemeinsamen Nenner suchen würden, wäre dieser schnell gefunden:

Die Qualität Deiner Gefühle entscheidet über die Qualität Deines Lebens.

Viele Menschen geben an, dass finanzieller Reichtum ihr höchstes Ziel ist und dass sie so viel Geld wie möglich verdienen wollen. Okay, das verstehe ich, nur was steckt dahinter?

WARUM wollen diese Menschen so viel Geld verdienen? Was ist das Ziel HINTER diesem Ziel? Welches große Bedürfnis steckt dahinter?

Vielleicht ist es Sicherheit? Etwa das Gefühl der Sicherheit, dass die eigenen Kinder und die eigene Familie niemals unter einer Brücke schlafen muss oder dass alle eine vernünftige Schul- und Berufsausbildung machen können.

TAG 1

Oder ist es vielleicht der Drang nach Abenteuer oder hohem sozialen Status und den vielfältigen Möglichkeiten, die man dadurch hat? Der Drang, die Welt zu erkunden, und das Gefühl und die Aufregung, die damit verbunden sind?

Niemand interessiert sich ernsthaft für ein Stück Papier mit einer längst verstorbenen Persönlichkeit darauf. Wir tun alles, was wir tun, weil wir bestimmte Gefühle damit verknüpfen und etwas haben wollen.

Aufgabe an Tag 1: Welche Gefühle begleiten Dich im Laufe einer normalen Woche? Schreibe sie auf!

Viele Menschen glauben, dass sie nicht besonders viel fühlen. Aber in Wirklichkeit durchlaufen sie innerhalb einer einzigen Woche eine wahre Achterbahn der Gefühle und erkennen dies erst, wenn sie es sich bewusst machen. Andere denken, sie hätten eine sehr breite Palette an möglichen Gefühlen in ihrem Leben zur Verfügung, und wenn sie sie dann aufschreiben und sich bewusst machen sollen, stellen sie ernüchtert fest, dass das Gegenteil der Fall ist und sie sogar erstaunlich wenige unterschiedliche Gefühle innerhalb einer ganz normalen Woche empfinden.

Welche der folgenden positiven Gefühle hast Du während der letzten sieben Tage Deines Lebens empfunden?

Aufregung, Freude, Glücksgefühle, Ekstase, Abenteuerdrang, Leidenschaft, Spaß, Mut, Inspiration, Demut, Kraft, Liebe, Spannung, Motivation …

TAG 1

Es gibt noch sehr viele weitere Gefühle, und ich möchte Dich ermutigen, Dich gleich bei Deiner Aufgabe völlig frei zu fühlen, wirklich ausnahmslos alle Gefühle aufzuschreiben, die Du im Laufe einer normalen Woche spürst.

Hast Du z. B. manche der folgenden eher negativen Gefühle innerhalb der letzten sieben Tage empfunden?

Hass, Wut, Ärger, Verzweiflung, Langeweile, Frustration, Demotivation, Trauer, Habgier, Angst, Selbstzweifel …

Sei bitte vollkommen ehrlich zu Dir und lass nichts aus, denn es geht hier nur um Dich und Deine eigene Wahrheit.

Schreibe jetzt auf, welche Gefühle Dich im Laufe einer Woche begleiten. Diese Aufgabe kostet Dich vermutlich ca. zwei bis maximal zehn Minuten und ist daher schnell erledigt. Mache es JETZT GLEICH und kehre danach zu diesem Buch zurück und lies Dir die folgenden Zeilen erst durch, wenn Du die Aufgabe erledigt hast.

JETZT Aufgabe lösen und erst danach weiterlesen!

Okay, ich gehe im Folgenden davon aus, dass Du diese Zeilen ERST dann liest, wenn Du die Aufgabe erledigt hast.

Was Du aufgeschrieben hast, beschreibt einen Teil Deiner Vergangenheit! Jetzt hast Du die Chance, Kleinigkeiten hinzuzufügen und Dich zu fragen: „Ist

TAG 1

das bereits perfekt so, oder will ich daran etwas ändern? Will ich es eventuell sogar deutlich ändern?"

Das kannst Du selbstverständlich tun! Lass uns dafür einen ersten kleinen Schritt machen und Dein Gehirn darauf vorbereiten.

Nimm bitte Deine Liste mit den negativen Gefühlen und schaue Dir jeden einzelnen Punkt genauer an.

Welche dieser Gefühle willst Du in Zukunft NICHT mehr im Laufe einer normalen Woche empfinden? Welche dieser Gefühle willst Du vielleicht sogar am liebsten NIE WIEDER empfinden?

Streiche diese jetzt deutlich durch und stelle Dir vor, wie Dein Leben sein müsste, damit Du diese Gefühle in Zukunft, so gut es geht, aus Deinem eigenen Leben fernhalten kannst.

Was müsstest Du genau verändern? Welche Tätigkeiten solltest Du eventuell überprüfen, und was solltest Du in Zukunft anders machen?

Hast Du das erledigt?

Sehr gut!

TAG 1

Dann schaue Dir jetzt Deine Liste mit den positiven Gefühlen an und überlege Dir zuerst: „Gibt es noch weitere starke positive Gefühle, die ich in Zukunft gerne spüren will?" Füge diese Deiner Liste noch hinzu!

Die nächste Frage lautet: „Was müsste ich tun bzw. wie müsste ich mein Leben gestalten, damit ich diese Gefühle, die ich gerne haben möchte, regelmäßig empfinden kann?"

Schreibe es auf!

Und gibt es eventuell auch Möglichkeiten, die guten Gefühle, die Du jetzt schon regelmäßig spürst, noch ÖFTER und INTENSIVER zu fühlen? Was müsste dafür geschehen?

Ich wünsche Dir viel Spaß mit Deinem positiven Gedankenkarussell. Wir treffen uns morgen mit der nächsten Aufgabe für den zweiten Tag wieder!

Übrigens: Falls Dir diese Art von Training gut gefallen sollte, möchte ich Dir gerne mein 30-Tage-Programm „Der Meilenstein" ans Herz legen, in dem Du jeden Tag ein ausführliches Video und eine Checkliste erhältst. Zusätzlich findest Du darin mehrere Hypnosen, um die Inhalte besser in Deinem Unterbewusstsein zu verankern.

TAG 1

Und für die ganz großen Durchbrüche bewirb Dich für meine „Success Mind Mastery", bei der wir Dich und Dein Leben persönlich auf ein neues Level bringen.

TAG 2

Tag 2 – Die wichtigste Liste, wenn es einmal schlecht läuft

„Es ist nichts dagegen einzuwenden, auch negative Gefühle auszuprobieren, um sie einmal kennenzulernen, aber sie sind doch kaum etwas, bei dem ein kluger Mensch verweilen möchte." – Marlo Morgan

„Jeder hat mal einen schlechten Tag!" Würdest Du diesem Satz zustimmen? Ich schon! Ja, tatsächlich! Ich denke, es ist vollkommen okay, manchmal einen Tag zu haben, an dem man einfach im Bett liegen bleibt und sich entspannt.

Warum ich das so offen und direkt schreibe? Weil ich überzeugt bin, dass die sogenannte Motivationsbranche viele Menschen vollkommen überfordert und unter Druck setzt mit diesem ständigen Motto „Alles muss perfekt sein". Das Leben ist nun einmal nicht perfekt und hat auch keinen Anspruch darauf, es zu sein.

Wer das verstanden hat, nimmt sich schon einmal eine ganze Menge unnötigen Druck aus dem Kessel. Du kannst Dich bereits jetzt so, wie Du bist, lieben und darfst Dich trotzdem weiterentwickeln und Träume haben.

Doch sich selbst dafür zu verurteilen, dass man mal einen schlechten Tag hat, ergibt überhaupt keinen Sinn, sondern ist viel eher destruktiv. Es ist einfach menschlich, zwischendurch mal negative Gefühle zu haben. Zum Glück gibt es einen schnellen „Lift" zu guten Gefühlen, und ich verrate Dir gerne,, was Du dafür tun kannst.

TAG 2

Wie kommt man von schmerzlichen Gefühlen so schnell wie möglich zu guten?

Tatsächlich gibt es eine Möglichkeit, um von schmerzlichen Gefühlen schnellstmöglich zu guten zu wechseln. Sie funktioniert für jeden Menschen. Ich möchte sie Dir gerne hier vorstellen.

Dazu musst Du erst einmal genau verstehen, wie Du tickst, wenn Du mal einen wirklich schlechten Moment hast. Normalerweise nützt es uns nämlich nichts, wenn wir Möglichkeiten zur Verfügung haben, mit denen wir unsere Laune sofort wieder verbessern können, weil wir uns in einem solchen Moment einfach „nicht danach fühlen", etwas zu tun, um diesen Zustand zu ändern.

Darum ist es wichtig, nicht nur zwei oder drei Möglichkeiten an der Hand zu haben, sondern ungefähr 20 bis 30.

Bei mir ist es so: Wenn ich mal schlecht drauf bin, dann rufe ich meistens einen meiner Freunde an, und daraufhin ändert sich meine Laune ganz schnell wieder. Eine andere meiner Methoden ist, ein heißes Duftbad zu nehmen. Was mir auch sehr hilft, ist, eine Runde zu joggen, anschließend Kraftsport zu machen und dann zu duschen. Ganz egal, wie es mir vorher ging, sobald ich diese drei Aktivitäten hintereinander absolviert habe, ist mein Kopf viel freier und ich kann klarer denken, fühlen und handeln.

TAG 2

Ich habe noch über 20 weitere persönliche Methoden für mich gefunden, die meinen Zustand in kürzester Zeit von schmerzlichen zu positiven Gefühlen ändern. Jeder Mensch hat sicher andere Methoden. Durch die breite Palette an Möglichkeiten und eine Liste, die ich gut sichtbar und eingerahmt in meinem Haus hängen habe, passiert es mir gar nicht erst, dass ich zu lange schlecht gelaunt bin bzw. in einem ressourcenarmen Zustand herumlaufe.

Schließlich weiß ich genau, dass ich fast 30 Möglichkeiten habe, um meinen Zustand wieder zu verändern, und mindestens eine davon wird in einem aktuellen schlechten Zustand sicher umsetzbar sein.

Aufgabe an Tag 2: Erstelle eine persönliche Liste mit Dingen, die Deinen Zustand weg von schmerzlichen und hin zu guten Gefühlen bringt!

Ich wette, Dir fällt bereits mindestens eine Sache ein, die schon einmal dafür gesorgt hat, dass Du binnen weniger Sekunden von extrem schlechter Laune zu sehr guter Laune wechseln konntest. Unser menschlicher Organismus ist immer dazu in der Lage, dies zu bewerkstelligen.

Nimm Dir ein Blatt Papier und schreibe als Überschrift „Liste, um von schmerzlichen Gefühlen zu guten Gefühlen zu gelangen!" (Nutze alternativ Deinen Computer und drucke die Liste anschließend aus.)

TAG 2

Schreibe dann mindestens 20 Punkte auf. Das kann auch schon mal einen ganzen Tag dauern, an dem Du immer mal wieder, wenn Dir wieder etwas eingefallen ist, zu Deinem Blatt Papier greifst und einen weiteren Punkt aufschreibst.

Sinn der Sache ist, dass Du eine große Auswahl an Möglichkeiten hast und wenn Du das nächste Mal in einem schlechten Zustand bist, genau auf diese Liste schaust und Dir EINE Sache heraussuchst und diese durchführst.

Dabei geschieht das Wunder der gezielten Zustandsveränderung, das die meisten Menschen zwar schon sehr oft in ihrem Leben erlebt, aber häufig noch nie bewusst herbeigeführt haben.

Höre während dieser Aufgabe gerne kraftvolle Musik, denn auch diese bringt Dich schnell in einen ressourcenvollen Zustand, in dem Du vielleicht besser denken kannst. Experimentiere generell mit solchen Außenfaktoren. Manchmal ist es beeindruckend, wie die Produktivität und Geisteskraft steigen, wenn man zu einer bestimmten Musik, in einem bestimmten Licht oder an einem bestimmten Platz arbeitet.

TAG 3

Tag 3 – Loslassen, was Du nicht brauchst

Hast Du schon einmal eine schmerzliche Trennung von einem Menschen erlebt, den Du geliebt hast? Musstest Du schon einmal mit ansehen, wie ein großer Plan, den Du hattest, nicht funktioniert hat?

Gibt es Dinge in Deinem Leben, die Dich wirklich belasten und von denen Du nicht weißt, wie Du sie bloß aus Deinem Kopf bekommen sollst?

Du weißt genau: Du musst sie loslassen! Nur wie? Rein auf der bewussten Ebene ist es unmöglich, einen Gedanken loszulassen. Du weißt zwar, dass Du ihn aus Deinem Kopf löschen solltest, aber Du findest nicht den Zugang, damit dies auch wirklich passiert, und Du grübelst vielleicht in ruhigen Stunden immer wieder über ein und die gleiche Situation nach.

Oder noch schlimmer: Du grübelst gar nicht mehr bewusst darüber nach, aber hin und wieder wird Dir klar, dass Dich diese EINE Situation von früher immer noch stresst oder belastet, wenn Du nur an sie denkst. Deshalb bemühst Du Dich, sie so gut es geht, aus Deinen Gedanken herauszulassen, um in Frieden leben zu können.

Dies ist allerdings immer nur eine oberflächliche Lösung, die in Wirklichkeit nicht funktioniert.

TAG 3

Wenn etwas in Deinem Unterbewusstsein nicht verarbeitet ist, dann belastet es Dich und Deine Gefühlswelt in jeder Sekunde Deines Lebens. Und zwar auf eine ziemlich heimtückische Art und Weise, die Du nicht einmal bemerkst.

Aufgabe an Tag 3: Lass eine Sache oder eine Gewohnheit los, die Dich belastet!

Jetzt gleich brauche ich einen Vertrauensvorschuss von Dir. Denn was Du jetzt gleich lesen wirst, klingt etwas „crazy". ABER es funktioniert und ist eine wahre Wunderwaffe. Darum bitte ich Dich, die folgende Aufgabe in jedem Fall auszuführen, ganz egal, was Du im ersten Moment darüber denken magst. Es klingt verrückt, funktioniert aber bei jedem Menschen.

Bitte mache folgende Dinge in genau der Reihenfolge, in der sie hier geschrieben stehen:

1. Schreibe Dir eine Sache auf, die Du gerne loslassen möchtest, und zwar unbedingt auf ein Blatt Papier. Solltest von dieser Sache ein Foto haben, ist auch das Foto bestens geeignet.
2. Gehe raus an einen ruhigen Ort und zünde das Blatt Papier bzw. das Foto an. Ja, genau! Mache ein kleines Feuer! Schaue das Blatt Papier mit dem Inhalt bzw. das Foto ganz genau an und lass es auf Dich wirken. Sage Dir dabei in Deinen Gedanken, während das kleine Feuer brennt: „Ich lasse jetzt los"!

TAG 3

    Lass das Blatt Papier bzw. das Foto bitte erst los, wenn das Feuer fast an Deinen Fingern angekommen ist. Schaue ihm dann noch mal hinterher und sage Dir: Ich habe losgelassen!"

3.   Atme TIEF durch und verlasse den Ort!

Du wirst auf dem Rückweg feststellen, dass Du Dich etwas schwach, nachdenklich, aber auch befreit fühlen wirst. Diese Aufgabe ist leicht ausgeführt, hat aber eine unglaublich starke Wirkung auf die menschliche Psyche.

Probiere es unbedingt aus. Gib Dir diese Chance. Falls Du skeptisch bist, ob die Methode wirklich hilft, wirst Du umso mehr staunen. Versprochen! Wir treffen uns morgen wieder zu Tag Nummer 4!

TAG 4

Tag 4 – Die große Macht der Physiologie

In einem der frühen Kapitel dieses Buches hast Du schon darüber gelesen, welche einzigartige Macht Deine Physiologie über Deinen Geist hat. Das heißt, wenn Du Dich auf eine bestimmte Art und Weise bewegst, kann Dein Geist gar nicht anders, als auf eine bestimmte Art und Weise zu fühlen.

Wer seine Schultern hängen und die Mundwinkel fallen lässt und dazu die Stirn runzelt, wird nicht gleichzeitig dazu in der Lage sein, sich wirklich gut zu fühlen, weil diese Gestik und Mimik einfach für ein beklemmendes Gefühl sorgt. Der Körper übermittelt Signale an Dein Gehirn, die eine bestimmte Botschaft darüber senden, wie Du Dich fühlen solltest!

Je genauer Du diese Macht der Physiologie verstehst, umso besser kannst Du z. B. beobachten, warum manche Spitzensportler erfolgreicher sind als andere. So hatte bspw. Tiger Woods, der bisher erfolgreichste Golfspieler aller Zeiten, in seinen besten Zeiten eine Sieger-Körpersprache, die niemals daran zweifeln ließ, dass er die Ruhe bewahren und den nächsten Ball einlochen würde, auch wenn er auf dem am weitesten abgeschlagenen Platz der Welt gelegen hätte.

TAG 4

Tiger Woods bestätigte in einem Interview, dass er extrem genau darauf achtet, wie er seinen Körper bewegt und selbst wenn er einmal kurz in Gedanken an sich zweifelt, sorgt er mit seiner Körperhaltung dafür, dass diese Zweifel wieder zerstreut werden und die Selbstsicherheit und Überzeugung wieder in seinen Geist zurückkehren.

Darum sprechen so viele Spitzensportler auch nach einem Spiel davon, dass die Körpersprache so entscheidend für den Erfolg oder Misserfolg war. Wenn es Dir gelingt, in Deinem Alltag eine kraftvolle Körpersprache zu zeigen, wirst Du auch viel kraftvoller denken und handeln können.

Wirkt das nicht unnatürlich?

Am Anfang sicherlich schon. Wer früher meistens gebückt und mit ernster Miene durch die Gegend lief, wird bestimmt auffallen, wenn er auf einmal stolz, aufrecht und mit einem Siegerlächeln erscheint. Aber das ist doch vollkommen egal! Nach einer Weile wird es Dir in Fleisch und Blut übergehen, Dich wie ein Sieger zu bewegen, und dann interessiert es niemanden mehr, wie Du Dich früher bewegt hast und ob Deine Bewegungen für ein paar Wochen des Übergangs unecht gewirkt haben.

„Veränderung ist immer ein Prozess, in dem Du eine Zeit lang etwas machst, was sich zunächst unnatürlich anfühlt, bevor es Dir in Fleisch und Blut übergeht. – Danny Adams

TAG 4

Aufgabe an Tag 4: Lerne die unglaubliche Kraft der Physiologie in nur 60 Sekunden kennen!

Ja, tatsächlich. Die heutige Tagesaufgabe braucht einen kurzen Moment der Vorbereitung und danach exakt 60 Sekunden für die Ausführung. Es ist wissenschaftlich erwiesen, dass ein Mensch Glückshormone ausschüttet, sobald er 60 Sekunden am Stück lächelt. Es muss kein echtes, von Herzen kommendes Lächeln sein, es reicht die einfache Lippenbewegung. Imitierst Du also für 60 Sekunden mit Deinen Lippen ein breites Lächeln, schüttet Dein Gehirn Glückshormone aus und Du wirst Dich besser als vorher fühlen.

Wenn Du z. B. vorher sauer und zornig warst, wirst Du diesen Zustand relativieren.

Übrigens ist es auch erwiesen, dass Du den gleichen Zustand gemeinsam mit einem anderen Menschen in sogar nur zwölf Sekunden herstellen kannst, indem Ihr gemeinsam lacht. In dieser Übung ist es wichtig, Dir eine Möglichkeit an die Hand zu geben, mit der Du am eigenen Leib spüren kannst, wie unglaublich schnell die Macht der Physiologie durch diese sehr einfache und jederzeit durchführbare Methode wirkt.

Ich empfehle Dir, bei dieser Übung noch ein Lied im Hintergrund zu hören, das Dir gute Laune macht. Dann werden die Glücksgefühle noch intensiver! Probiere es also und halte 60 Sekunden lang durch. Achte dabei auf deine Gefühle!

TAG 4

Allein diese Übung ist der klare Beweis dafür, dass wir Menschen jederzeit dazu in der Lage sind, in wenigen Sekunden positive Gefühle in unserem Körper hervorzurufen.

Übrigens ist es logisch, dass Du in einem glücklichen Zustand mit positiven Gefühlen viel klarer und besser nachdenken kannst. Bis morgen!

TAG 5

Tag 5 – Die stärkste Lerntechnik überhaupt – Lehre

Je öfter Du eine Sache übst, desto besser wirst Du sie beherrschen. Das ist einfach zu verstehen und eine Binsenweisheit. Wenn Du eine Sache allerdings mit Deinem bewussten Verstand weitgehend „verstanden" hast, heißt das noch lange nicht, dass Du sie auch mit jeder Faser deines Körper BEGRIFFEN hast!

Wie soll es sonst zu erklären sein, dass die meisten Menschen sehr wohl wissen, wie ungesund Fast Food für ihren Körper und ihre Gesundheit ist, aber die Fast-Food-Ketten weltweit dennoch immer weiter steigende Gewinne verkünden?

Wie ist es sonst zu erklären, dass Millionen von Menschen immer noch zur Zigarette greifen, obwohl mittlerweile jeder weiß, dass die Chancen auf todbringende, qualvolle Erkrankungen recht gut stehen.

Fakt ist: Niemand würde tatsächlich rauchen, wenn er wirklich begriffen hätte, was das Rauchen mit seinem Körper macht. Eine Sache analytisch zu verstehen oder wirklich zu verinnerlichen, ist ein gewaltiger und oft unterschätzter Unterschied.

Wie aber können wir am allerbesten einen Inhalt, den wir gerne in unser Leben integrieren möchten, verinnerlichen?

TAG 5

Am besten geht das tatsächlich, indem wir anderen dabei helfen, ihn auch zu verstehen. Dabei ist es aber sehr wichtig zu beachten, dass wir mit unserem neuen Wissen nicht „missionieren" dürfen.

Was glaubst Du, wie es mir damals erging, als ich mir meine ersten Ziele gesetzt und erreicht hatte und genau wusste, dass ich Methoden entdeckt hatte, mit denen jeder Mensch in der Lage sein würde, das eigene Leben radikal zu verändern? Na klar: Ich wollte, dass alle Menschen in meinem Umfeld und in meiner Familie das Gleiche taten. Denn schließlich wusste ich, dass es funktioniert.

Aber hatte ich damit Erfolg? Natürlich nicht! Ganz im Gegenteil! Ich nervte alle möglichen Leute um mich herum, und niemand hatte Interesse daran, es auszuprobieren, weil die meisten Menschen überhaupt nicht die Möglichkeit in Betracht ziehen, dass sie in der Lage wären, ihr eigenes Leben selbst zu steuern.

Also lernte ich, in bestimmten Kreisen einfach meine Klappe zu halten und nur noch Menschen zu helfen, die diese Hilfe auch zu schätzen wussten. Und ich bemerkte schnell: Immer wenn ich anderen half, ihre eigenen Ziele zu finden, wurden meine Ziele auch etwas klarer und rückten näher.

Immer wenn ich einem anderen Menschen dabei half, einen limitierenden Glaubenssatz aufzulösen, der ihn belastete, wurde auch mein Glaubenssystem ein Stückchen klarer. Das funktioniert wie Magie!

TAG 5

Aufgabe an Tag 5: Bring einen anderen Menschen in seiner Entwicklung weiter!

Diese Aufgabe gibt es in der sogenannten Light-Variante und in der Variante für diejenigen, die in die Vollen gehen wollen. Ziel ist es, dass Du einer Person dabei hilfst, einen Fortschritt in der eigenen Entwicklung in Richtung Erfolg und Glück zu erzielen. Dabei stehen Dir alle Methoden aus diesem Buch zur Verfügung.

Die Light-Variante:

Bei der einfachen Variante fragst Du Dich erst einmal, ob Dir spontan jemand einfällt, der offen genug für ein Experiment ist. Frage diese Person, ob Ihr Euch treffen könnt. Sage so etwas wie: „Ich habe ein neues System kennengelernt, mit dem man seine eigenen Lebensziele so setzen kann, dass man sie auch wirklich erreicht. Das ist echt toll. Das muss ich Dir vorstellen, und Du musst es ausprobieren. Hast Du Lust dazu?"

Du kannst dafür auch genauso Facebook nutzen und Deinen Freunden dort anbieten, dass Du ihnen vollkommen kostenlos einen Weg zum Erfolg aufzeigst.

Die Hardcore-Variante

Bei der härteren Version dieser Aufgabe begibst Du Dich in irgendein Internetforum zu den Themen Persönlichkeitsentwicklung, Motivation oder auch

TAG 5

Dating. Dort legst Du einen Account an und bietest ein kostenloses 60-minütiges Coaching für eine Person zum Thema Glaubenssätze oder Zielsetzung an.

Es wird sich auf jeden Fall jemand melden! Daraufhin wendest Du in diesem Coaching Deine Lieblingsmethoden aus diesem Buch an.

Vor allem für Menschen, die vorhaben, irgendwann mal in diesem Bereich zu arbeiten, sei natürlich die zweite Variante wärmstens empfohlen. Aber auch die erste kann schon sehr aufregend sein und bringt Dich vor allem ans gewünschte Ziel. Denn vergiss nicht:

Das eigentliche Ziel dieser Aufgabe ist zu spüren, wie intensiv die Inhalte in DICH und Dein Gehirn eindringen, wenn Du sie anderen weitergibst.

Willst Du im Leben etwas vollständig begreifen, gibt es wohl kaum eine bessere Methode, als es anderen beizubringen!

Schlussgedanken

Viele Menschen glauben, dass materieller Wohlstand ein erstrebenswertes Lebensziel ist, und es ist auf jeden Fall richtig, dass man „genug" von allem haben sollte, was man zum Glücklichsein braucht.

„Genug" ist allerdings oft etwas ganz anderes, als wir es uns in unserer westlichen Luxusgesellschaft vorstellen. Wenn Du genügend Selbstvertrauen hast, sodass es Dir egal ist, was andere Menschen, wie z. B. Deine Nachbarn, Arbeitskollegen und Bekannten, über Dich denken, dann bist Du erst wirklich frei, um zu sehen, was Du haben willst und was nicht.

Es dürfen Porsches, Villen und Schnellboote sein, wenn das Dein Wunsch ist und diese Dinge Dir Spaß machen. Setze Dir etwas als festes Ziel, und Du wirst es erreichen können, denn es gibt alle Möglichkeiten und genügend Reichtum in dieser westlichen Gesellschaft!

Oder Du stellst für Dich fest, dass es Dir einfach ausreicht, ohne finanzielle Sorgen ein einfaches Leben zu führen, so wie ich es tue.

Das Wichtigste ist wohl, dass Du sorgenfrei leben kannst, und um diesen Zustand zu erreichen, hast Du in diesem Buch hoffentlich ein paar nützliche Tipps erhalten.

„I did it my way!"

Am Ende ist es nur entscheidend, dass Du Deinen EIGENEN Weg gehst und Deine eigene Geschichte schreibst. Ich glaube nicht daran, dass es so etwas wie DEN richtigen Lebensweg gibt, mit dem jeder glücklich werden kann, denn dafür sind wir Menschen einfach viel zu verschieden.

Ich hoffe von ganzem Herzen für Dich und Deine Liebsten, dass Du in Deinem Leben das erreichst, was Du Dir von ganzem Herzen wünschst!

Ich möchte mich an dieser Stelle bei Dir dafür bedanken, dass ich Dein Coach sein durfte, und ich würde mich sehr freuen, Dich einmal persönlich kennenzulernen.

Ich möchte die Flamme, die in meinem Herzen lodert, nun mit Dir teilen, an Dich weiterreichen und Dich dazu auffordern, Dein Leben zu etwas Besonderem zu machen.

Gehe Deinen eigenen Weg zum Glück!

Dein Danny Adams

Wie geht es weiter?

Falls Dir der Gedanke gefällt, Dein Leben zu etwas ganz Besonderem zu machen und wirklich alles herauszuholen, dann gratuliere ich Dir zu dieser Entscheidung!

Es gibt schon genügend von diesen Leuten, die bereits aufgegeben haben, bevor sie überhaupt richtig angefangen haben. Gestalte Dein Leben in einer aufregenden Art und Weise und lebe mit Leidenschaft und Lebensfreude!

Um Dich optimal auf Deinem Weg zu Glück und Erfolg begleiten und Dir die bestmögliche Unterstützung anbieten zu können, habe ich zwei intensive Programme entwickelt.

Das eine ist ein 30-tägiger Video-Heimkurs, den Du komplett selbstständig durchführen kannst.

Das intensivste und umfangreichste Programm ist mein Workshop namens „Success Mind Mastery". Hier nimmst Du drei intensive Tage an einem berauschenden Live-Workshop teil, bei dem wir Dein Leben auf die nächste Stufe bringen!

Im Folgenden möchte ich Dir diese Möglichkeiten vorstellen:

Der Meilenstein

In dem 30-tägigen Intensiv-Heimkurs „Der Meilenstein" erhältst Du die Möglichkeit, Dein Leben in vielen Bereichen zu hinterfragen und neu auszurichten!

Der Kurs besteht aus:
- 30 täglichen Coaching-Videos, die Schritt für Schritt aufeinander aufbauen!
- 5 Hypnosen (alle 6 Tage wechselt die jeweilige Hypnose, die Du während des Kurses einmal täglich anhörst)
- 30 umfangreiche Workbook-Checklisten zum Ausfüllen!

Kursinhalte des Meilensteins:

Du lernst in 5 aufeinander aufbauenden Stufen Deinen eigenen Weg zu Glück und Erfolg kennen und wirst genau verstehen, was Dich persönlich bisher immer davon abgehalten hat, Deine Träume wahr zu machen!

Der Meilenstein hilft Dir dabei, Deine Grenzen zu sprengen, Deine Fesseln zu lösen und endlich ein Leben zu führen, in dem Du all das auslebst, was Du schon immer tun, haben, sein und fühlen wolltest!

Dein Selbstvertrauen, Deine Körpersprache und Deine Art zu denken werden auf das nächsthöhere Level katapultiert, und Dein Leben wird sich ab jetzt auf der Sonnenseite abspielen!

Hier mehr erfahren: www.mama-ich-habs-geschafft.de/meilenstein

Der Meilenstein

„Dein Meilenstein hat dazu geführt, dass ich mich in einen neuen Menschen verwandle. Du hast es wirklich in Dir, den Menschen zu helfen! Ich würde mich freuen, wenn wir uns tatsächlich irgendwann mal persönlich kennenlernen."

Dajana Pappert

„Ich habe soeben die letzte Stufe des Meilensteins gehört, und mir kamen doch tatsächlich die Tränen. Da ist ein ganz großes Gefühl von Dankbarkeit und Stolz in mir. Es hat so gearbeitet in mir in den letzten 30 Tagen. Viel gelernt, viel geweint, viel aussortiert, viel über Bord geworfen, neue Dinge in mein Boot geholt, kann meine Wünsche und Bedürfnisse viel besser ausdrücken, achte mehr auf meine Mitmenschen, bin sensibler geworden, habe einiges

geschafft. Und das Schöne ist, ich schaffe noch viel mehr. Habe mich zu einem Schwimmkurs angemeldet, obwohl ich große Angst im Wasser habe. Aber da ich mir vertraue, weiß ich, dass ich es lernen werde.

Der Meilenstein war ein Stück Arbeit für mich, aber es hat sich gelohnt! Vielen Dank!"

Roswitha Trimborn

Der Meilenstein

„Was hat mir der Meilenstein konkret gebracht? Ich bin wesentlich zufriedener als vor 1 Monat, ich stehe morgens auf und habe ein gutes Gefühl. Wenn ich in Problemsituationen komme, hat sich Einiges verändert. Nach der kurzen, mir schon bekannten Phase der Unzufriedenheit, unter der ich immer leide, komme ich viel schneller als früher wieder auf die Beine. Und kann viel mehr aus jeder Situation lernen und mitnehmen...

Meine Gedanken sind wesentlich geordneter: Ich kann es mir jetzt schon kaum noch vorstellen, aber der Hauptpunkt (die „Hürde"), den ich Jan beim Beratungsgespräch angegeben hatte, ist weg. Ich hatte ein wirklich unglaubliches Problem mit einem endlosen Durcheinander im Kopf. Das hatte ich schon seit fast einem Jahr, und es wurde mit jedem weiteren Kurs, E-Book oder Mini-Seminar noch schlimmer. Ich weiß nicht genau, was der Meilenstein verändert hat. Aber ich kann jetzt viel klarer denken, mich viel schneller entscheiden und komme mir viel freier vor als davor. Dannys Videos waren auf jeden Fall sehr prägnant, auf das Wesentliche reduziert und interessant. (Gerade für mich, der sich meistens nach zwei Minuten mit irgendwelchen sonstigen Klickereien im Internet beschäftigt, war das super! Wenn ich hier gerade meinen Hefter, in den ich alle Checklisten reingeklammert habe, durchschaue (und es ist wirklich ein über fingerdicker Packen Papier), fühlt sich das wirklich super an. ;)"

Bernhard Thilo

Der Meilenstein

Hier mehr erfahren:
www.mama-ich-habs-geschafft.de/meilenstein

Glossar

Affirmation

Eine Affirmation ist ein Satz, der durch Wiederholung in Deinem Gehirn implementiert wird. Vereinfacht ausgedrückt funktioniert das so: Wenn Dein Gehirn einen Glaubenssatz nur einmal aufnimmt, gerät dieser schnell in Vergessenheit. Bei Wiederholung stellt das Gehirn fest, dass es sich um etwas Wichtiges handeln muss und speichert diesen Glaubenssatz ab. Das ist vor allem dann interessant, wenn Du selbst von einem bestimmten Glaubenssatz nicht überzerzeugt bist (z.B. „Ich bin sexy"). Dein Gehirn lässt sich durch die Wiederholung austricksen und nimmt den Glaubenssatz an. Das passiert jedoch nicht von heute auf morgen (siehe Gewohnheiten integrieren).

Charisma

… oder auch Ausstrahlung. Menschen, die über ein ausgeprägtes Charisma verfügen, wirken auf andere Menschen sympathischer und anziehender. Charismatischen Menschen fällt es leichter, andere mit ihren Ideen zu begeistern. Sie stehen mehr im Mittelpunkt und ihr Wort hat normalerweise einen höheren Wert, als das einer weniger charismatischen Person.

Egoismus

Menschen, die an sich denken sind schlecht. So etwas Ähnliches haben wir als Kinder alle gelernt. Aber stimmt das wirklich? Anders gefragt: Wenn Du nicht an erster Stelle stehst für Dich, wer dann? Es ist völlig in Ordnung Deine Bedürfnisse mal hinten anzustellen, aber das sollte nicht die Regel sein. Du bist es absolut wert, Dein Leben so zu leben wie Du es für richtig hältst. Lebe nicht das Leben eines anderen, sondern Dein eigenes.

Entscheidungen treffen

Die meisten erfolgreichen Menschen beherrschen eine Fähigkeit: Sie treffen viele Entscheidungen in einer kurzen Zeit. Dabei machen sie natürlich genau so Fehler, wie jeder andere Mensch auch (siehe Fehler machen). Aber sie scheuen sich nicht davor, eine Entscheidung zu treffen. Diese Fähigkeit kannst Du trainieren. Stell Dir vor Du bist in einem Restaurant. Statt ewig die Karte durchzublättern und zu überlegen was Du essen könntest, versuche Dich schnellstmöglich zu entscheiden und bestelle das Erste, was Dir in den Sinn kommt.

Erfolg

Du kannst auf vielfältige Weise erfolgreich sein. Ob Du viel Geld verdienst, ein eigenes Unternehmen aufbaust, eine Familie gründest, anderen Menschen hilfst, … Die Möglichkeiten sind schier unbegrenzt. Ausschlaggebend bei allem ist nur, dass Du Dich erfolgreich fühlst. Wie erfolgreich fühlst Du Dich auf einer Skala von 1 bis 10, wenn 1 der niedrigste Wert ist und 10 der höchste? Und was sollte geschehen, damit Du einen Punkt auf der Skala nach oben rutschst?

Fehler machen

Die meisten Menschen scheuen Risiken. Sie haben als Kind gelernt, dass es schlecht ist, Fehler zu machen. Egal ob durch die Eltern, die Schule oder später im Job. Überall werden wir für Fehler „bestraft". Fehler sind etwas schlechtes, bringt man uns bei. Verrückt. Wie willst Du etwas lernen, wenn Du keine Fehler machen darfst? Den meisten großartigen Erfindungen bspw. gingen eine Vielzahl an Fehlversuchen voraus. Fehler machen ist nicht nur menschlich, Fehler machen ist absolut notwendig, wenn Du Dein volles Potential leben möchtest. Wichtig ist einzig und allein Dein Umgang mit Fehlern. Meine Mitarbeiter sind alle angehalten Fehler zu machen. Sie sind erwünscht – sofern man daraus lernt. Das ist es, was Wachstum möglich macht.

Fernsehen

Zuviel Fernsehen ist verschwendete Lebenszeit. Außerdem raubt es uns Klarheit, die wir benötigen, um unser Leben vollständig zu genießen. Zwischendurch Fernsehen ist natürlich in Ordnung, aber übertreib es bitte nicht.

Finanzielle Freiheit

Die allermeisten Menschen sind gefangen in einem Hamsterrad. Sie müssen arbeiten, um im nächsten Monat genügend Geld zur Verfügung zu haben. Sie befinden sich im „Überlebensmodus". Finanziell freie Menschen müssen nicht mehr arbeiten. Sie sind finanziell abgesichert und arbeiten deshalb, weil sie es wollen und nicht, weil sie es müssen. Das ist ein riesengroßer Unterschied.

Fokus

Fokus ist die Fähigkeit, sich auf eine Sache zu konzentrieren und darin vollständig aufzugehen. Heißt, Ablenkungen sind minimiert und Störungen aus dem Weg geräumt. Am besten erreichst Du diesen Zustand, indem Du Dein Handy während Du an Deinem Projekt arbeitest ganz aus oder lautlos stellst. Arbeitest Du am PC arbeitest, schließe alle Browserfenster, die Du nicht akut benötigst und schalte alle Benachrichtigungen ab. Stelle sicher, dass Du nicht gestört wirst.

Gewohnheiten integrieren

Der Mensch ist ein Gewohnheitstier. Wir alle haben unsere Routinen und das ist auch gut so. Das Problem: Die meisten unserer Gewohnheiten laufen unterbewusst ab. Wir bekommen nur selten mit, wie sie unser Leben beeinflussen. Und da ist der Haken: Obwohl es kraftgebende und glücklich machende Gewohnheiten gibt, so gibt es auch negative Gewohnheiten, die uns einschränken und Energie kosten. Eine neue, tolle Gewohnheit in Dein Leben zu integrieren dauert in etwa 30-60 Tage.

Glaubenssätze

Jeder Mensch hat sie. Manche geben uns Kraft und manche nehmen uns Kraft. Die einschränkenden Glaubenssätze, die wir haben, hindern uns daran, unser volles Potential zu entfalten. Sie halten uns klein. Unsere positiven Glaubenssätze hingegen machen unser Leben zu einem Feuerwerk der guten Laune. Die meisten unserer Glaubenssätze haben wir in unserer Kindheit von anderen übernommen. Abhängig davon, ob sie einschränkend oder positiv sind, bremsen sie unser Leben oder geben uns Antrieb.

Glück

Jeder Mensch hat seine persönliche Definition von Glück. Für mich bedeutet wahres Glück, Zeit mit meiner Familie zu verbringen. Aber ich fühle mich auch glücklich, wenn ich einen beruflichen Erfolg habe. Glücklich bin ich aber auch, wenn ich meine körperliche Fitness verbessere. Was bedeutet Glück für Dich persönlich?

Grundbedürfnisse

Jeder Mensch hat bestimmte Grundbedürfnisse. Nach Maslow sind das biologische Grundbedürfnisse wie z.B. Essen und Schlaf, aber auch Sicherheit und soziale Beziehungen. Sind diese Bedürfnisse erfüllt, können wir uns grundsätzlich glücklich fühlen. Sind sie nicht erfüllt, fehlt uns etwas im Leben. Bevor wir in unserem Leben etwas anderes verändern, sollten wir zuerst die Erfüllung der Grundbedürfnisse sicherstellen.

Leidenschaft

Was bringt Deine Augen zum Leuchten? Über welche Themen könntest Du stundenlang reden, so dass Deine Freunde schon die Augen verdrehen? Was würdest Du am liebsten 24 Stunden am Tag machen, wenn Du die Möglichkeit dazu hättest? Was auch immer Deine Antwort ist: Das ist Deine persönliche Leidenschaft!

Meditation

Eine der besten Methoden, um einen klaren Kopf zu bekommen. Am besten wirkt Meditation, wenn sie jeden Tag praktiziert wird. Setze Dich bequem hin, mach Dir eine ruhige Musik an und konzentriere Dich ausschließlich auf Deinen Atem. Dadurch gelangst Du mit etwas Übung immer tiefer in einen entspannten Zustand. Nach ein paar Tagen wirst Du feststellen, wie Dein Kopf spürbar klarer wird. Wenige Minuten am Tag reichen dafür bereits aus.

Mindset

Deine geistige Einstellung entscheidet über Deinen Erfolg oder Misserfolg. Menschen, die glauben, dass sie nichts können, werden dafür in der Regel viele „Beweise" finden. Menschen, die glauben, dass sie viele Dinge ziemlich gut können, werden dafür ebenfalls Beweise finden. Unsere Wahrnehmungsfilter zeigen uns die Welt, die wir zu sehen glauben. Daher sehen manche Menschen Chancen, wo andere Probleme sehen. Manche sehen Herausforderungen, andere sehen Schwierigkeiten (siehe Reframing).

Motivation

Der Motor, der uns antreibt. Ausreichende Motivation sorgt dafür, dass wir Berge versetzen können. Fehlt uns Motivation, fällt uns alles deutlich schwerer. Der beste Weg, um Motivation zu bekommen, ist, sich gute Gefühle zu machen und im Jetzt zu leben. Frage Dich: „Was macht mir jetzt gerade am meisten Spaß?"

Nachrichtenkonsum

Ein guter Weg, um zu schlechten Gefühlen zu gelangen. Nachrichten zeigen uns eine Welt, auf die wir keinen Einfluss haben und die wir nicht ändern können. Sie sind in aller Regel negativ, da reißerische Schlagzeilen eine stärkere Emotion bei uns auslösen. Wenn Du wissen möchtest, was in der Welt vor sich geht, solltest Du versuchen zu filtern. Im Internet findest Du einige Portale, bei denen es oft schon reicht die Überschriften zu lesen, um über das aktuelle Geschehen informiert zu sein.

Negative Menschen

Vielleicht kennst Du den Spruch: „Du bist die Summe der 5 Menschen, mit denen Du die meiste Zeit verbringst." Und unabhängig davon, ob dieser Spruch zu 100 Prozent stimmt oder nicht: Die Menschen um Dich herum haben auf jeden Fall einen Einfluss auf Dich. Kennst Du Menschen, bei denen Du Dich schlecht fühlst, nachdem Du Zeit mit ihnen verbracht hast? Manchmal ist es besser, solche Menschen zu meiden und Dich zumindest zeitweise auf positivere Menschen zu konzentrieren.

Persönlichkeitsentwicklung

Die Arbeit an Deiner Persönlichkeit ist das beste Investment, was Du tätigen kannst. Im Idealfall bildest Du Deine Persönlichkeit so aus, dass Du glücklich bist und Dich erfüllt fühlst.

Physiologie/Psychologie

Körper und Geist sind eng miteinander verknüpft und beeinflussen sich gegenseitig. Lässt Du die Schultern hängen und schaust zu Boden, wird es Dir viel schwerer fallen, an etwas Positives zu denken. Umgekehrt gilt das ebenfalls. Lächle einmal wie ein Honigkuchenpferd und nimm eine Siegeshaltung ein. Halte diese Position für 1-2 Minuten und denke dann an etwas Trauriges. Es wird Dir deutlich schwerer fallen als zuvor. Das bedeutet, dass Du mithilfe Deines Körpers Einfluss darauf nehmen kannst, wie Du Dich fühlst. Verändere Deine Körperhaltung und Dein Geist wird folgen.

Positives Denken

Realisten und Pessimisten werfen Optimisten häufig vor, dass sie die Welt „nicht richtig" wahrnehmen. Dabei ist die Welt für jeden von uns so, wie wir sie sehen – und jeder Mensch nimmt unterschiedliche Dinge war. In der Psychologie ein Fakt: Wenn Du so tust, als ob Du gute Laune hast, wird sich Dein Körper darauf einstellen (siehe Physiologie/Psychologie). Jeder Mensch kann sich also aussuchen, ob er Dinge positiv sieht oder nicht (siehe Refraiming).

Prioritäten

Immer wieder bin ich in die gleiche Falle getappt: Nach dem Besuch eines Workshops fühlte ich mich unsterblich und dachte: Jetzt kriege ich mein Leben endlich in den Griff. Ich fing an ALLES zu verändern und nach ein paar Tagen oder Wochen war wieder alles wie zuvor. Warum? Wenn Du Dir zu viel vornimmst, ist die Wahrscheinlichkeit, dass Du scheiterst, größer. Lieber tausend kleine Schritte, als tausend große. Setze daher Prioritäten, was Du als nächstes angehst und konzentriere Dich lieber mit all Deiner Energie auf eine Sache.

Reframing

Reframing bedeutet soviel wie, den Dingen einen neuen Rahmen geben, die Dinge von einem anderen Blickwinkel aus zu betrachten. Wenn Du z.B. einen Fehler gemacht hast (siehe Fehler machen), ändert sich vermutlich Deine Einstellung zu dem Fehler, wenn Du Dir selbst sagst: „Ich habe etwas gelernt." Plötzlich wird aus dem Fehler eine Chance und Du kannst gestärkt aus der Situation hervorgehen.

Selbstbewusstsein

Sich selbst bewusst sein. Viele Menschen kennen sich selbst nicht richtig. Das ist schade, denn Du verbringst 24 Stunden am Tag mit Dir. Wie gut kennst Du Deine Stärken, Deine Schwächen, Deine Wünsche, Deine Träume und so weiter? Machst Du Dir diese Dinge bewusst, lernst Du Dich selbst besser kennen und erhöhst Dein Selbstbewusstsein.

Selbstvertrauen

Sich selbst vertrauen. Erfolgreiche Menschen haben eines gemeinsam: Sie sind von etwas überzeugt und vertrauen darauf, dass sie es umsetzen können. Sie glauben an ihre Stärken und wissen, wie sie einsetzen können. Vertraust Du Dir selbst? Der einfachste Weg, um Selbstvertrauen aufzubauen, ist, sich jeden Tag kleine Dinge vorzunehmen und diese dann auch wirklich zu erledigen. So beginnst Du jeden Tag, Dir mehr zu vertrauen.

Selbstwert

Alles worum wir uns gut kümmern, erscheint uns wertvoll. Egal ob es neue Schuhe, ein teures Auto oder ein Handy sind. Geben wir gut drauf acht und pflegen es, ist es für uns wertvoll. Der Selbstwert zeigt uns, für wie wertvoll wir uns selbst halten. Kümmern Du Dich gut um Dich selbst, steigt Dein Selbstwert in aller Regel.

Visualisieren

Wie wäre es für Dich, wenn Du Dein Ziel bereits erreicht hast? Visualisieren bedeutet soviel, wie, sich einen bestimmten Zustand so lebendig wie möglich vorzustellen. Stell Dir vor, Du hast ein Ziel erreicht. Wie fühlst Du Dich? Was schmeckst Du? Was riechst Du? Wie verändert sich Dein Leben? Je mehr Sinneseindrücke Du Deiner Vorstellung hinzufügst, desto klarer wird das Bild, das Du Dir ausmalst. In Zeiten, in denen Du Kraft benötigst, wird Dir die Visualisierung helfen Hürden zu überwinden und Deinem Ziel treu zu bleiben.

Ziele setzen

Für ein erfolgreiches Leben unerlässlich. Wo willst Du in einem Jahr stehen? Und wo in 10? Wie möchtest Du irgendwann einmal auf Dein Leben zurückschauen? Und etwas kleiner: Was steht nächste Woche an? Was morgen und was heute? Setze Dir zu Beginn lieber ein kleines Ziel, als viele große.

Index

A

Abendritual 8, 237, 238, 239, 243
Abenteuerdrang 310
Affirmationen 79, 81, 231
Alpha-Zustand 65, 76
Ansprechangst 256
Arbeitspensum 286
Arbeitstempo 186
Armut 40, 105
Assoziationen 91
Audacity 205
Ausreden 68, 290
Autopilot 117, 120

B

Balance 159, 184, 186, 277, 286
Beitrag 13, 239
Bemühung 207
Blickwinkel 257, 274, 350
Blockaden auflösen 64
Börse 59
Burnout 187, 278
Byrne 114

C

Chance 16, 17, 24, 31, 133, 139, 140, 164, 208, 211, 233, 262, 271, 292, 293, 299, 301, 308, 311, 321, 350
Charisma 341
Checkliste 313

D

Dalai Lama 151
Denkmuster 62, 68, 165
Denkmuster und Verhaltensweisen 62, 165
Disney 163
Distress 277, 281
Disziplin des Erfolgs 280
Drive 35, 187
Durchhaltevermögen 252

E

Eddy the Eagle 139, 140
Egoismus 7, 151, 152, 342
Einstein 113, 305
Einstellung 54, 62, 70, 93, 146, 153, 245, 252, 258, 347, 350
Eitelkeit 179

Ekstase 310

Emotionen 170, 202, 270

Energie 6, 15, 62, 63, 68, 69, 72, 85, 90, 128, 129, 155, 159, 164, 166, 193, 196, 213, 224, 226, 235, 275, 276, 277, 278, 280, 281, 286, 287, 294, 345, 349

Engagement 89, 110

Entfaltung 298

Entscheidungen treffen 172, 185, 202, 278, 288, 342

Entspannung 8, 207, 275, 277, 281, 282

Erfahrung 40–365, 103–365, 187–365, 241–365, 256–365, 265–365, 307–365, 308–365

Erfolg 13, 34, 35, 36, 39, 42, 43, 46, 49, 52, 57, 64, 66, 73, 74, 81, 92, 102, 111, 121, 137, 149, 159, 166, 167, 175, 176, 182, 184, 187, 191, 193, 194, 200, 201, 210, 216, 217, 230, 235, 243, 244, 247, 253, 260, 274, 286, 296, 298, 300, 302, 303, 307, 324, 328, 329, 333, 342, 345, 347

Erfolgserlebnisse 246

Erfolgsstreben 7, 181

Erfüllung 42, 48, 188, 189, 232, 302, 346

Erschöpfung 278, 285, 286

Eustress 277

F

Fähigkeiten 51, 101, 164, 279

Fantasie und Träumerei 99

Fehler 47, 51, 52, 202, 237, 245, 266, 342, 343, 350

Fernsehen 14, 91, 226, 243

Finanzielle Freiheit 344

Flüchtlingskrise 261, 266

Fokus 71, 126, 146, 148, 190, 300, 344

Frage-Antwort-Maschine 141, 143

Fremdsprache 238

Freundeskreis 151, 163, 166

Freundschaft 24, 91, 274, 297

Frustration 48, 54, 105, 172, 311

G

Gates 181

Gedankengefängnis 87

Gedankenkarussell 135, 267, 313

Geist 85, 116, 130, 134, 203, 206, 230,

260, 276, 290, 323, 324, 348, 349
Geld 11, 24, 33, 36, 48, 59, 65, 94, 95, 96, 105, 109, 125, 161, 183, 202, 211, 212, 213, 246, 261, 272, 288, 300, 309, 342, 344
Geschäftsidee 246
Geschäftsmodell 212, 213
Gesellschaft 13, 52, 93, 96, 117, 152, 185, 190, 191, 295, 331
Gestik 323
Gesundheit 140, 181, 298, 327
Gewissen 198, 211, 212
Gewissheit 26, 106, 257
Gewohnheiten 8, 34, 218, 219, 341, 344
Gipfel des Erfolgs 182
Glaubensmuster 66, 70, 71, 77
Glaubenssätze 6, 45, 64, 65, 66, 67, 69, 73, 74, 75, 77, 80, 110, 330, 345
Glaubenssatz-Zerstörer 70, 74
Glaubenssysteme 53
Glück 7, 36, 49, 53, 59, 98, 130, 175, 181, 191, 193, 283, 302, 315, 329, 332, 333, 345
Glücksempfinden 105

Glückshormone 114, 325
Grenzen 43, 93, 97, 99, 104, 105, 113, 123, 158, 183, 185, 278, 309, 363
Groll 197, 198
Grundbedürfnisse 106, 346
Grundeinkommen 290
Guardiola 258

H

Hamsterrad 185, 344
Hardcore-Variante 329
Herausforderungen 61, 62, 347
Herzenslust 18, 126, 196
Hindernis 52
Hiobsbotschaft 213
Hollywood 163

I

Imitation 65, 66, 77
Inspiration 310
Investition 240
IQ 50

J

Jobs 144, 145, 182, 203

K

Kapazitätsgrenze 275, 276

Komfortzone 293

Konflikt 169

Konsum 283

Kontinuität 237

Kontrolle 162, 171, 194, 287, 291

Körpersprache 32, 127, 128, 135, 136, 323, 324

Kraft 62, 68, 69, 79, 111, 169, 174, 183, 212, 225, 235, 250, 276, 310, 325, 345, 351

L

Lebensfreude 24, 64, 333

Lebensplanung 108

Lebensqualität 6, 59, 69, 86, 118, 135, 148, 225, 231, 234, 240, 243, 274, 289

Leidenschaft 15, 42, 51, 55, 56, 57, 110, 214, 281, 310, 333, 346

Leistungsgrenze 275

Lerntechnik 8, 327

Liebe 23, 24, 65, 95, 105, 175, 183, 184, 193, 248, 266, 292, 298, 310

Lift 315

Light-Variante 329

Lincoln 249

Luxusgesellschaft 331

M

Macht 8, 86, 87, 114, 134, 143, 169, 249, 257, 287, 288, 289, 291, 295, 298, 323, 325

Maschine 141, 143, 221, 265

Materielle Werte 184

Meditation 7, 201, 203, 204, 206, 209, 230, 346

Meilenstein 9, 307, 313, 336, 337, 338, 339

Menschenverstand 279

Methode 77, 79, 81, 209, 211, 224, 227, 230, 242, 250, 259, 294, 321, 325, 330

Millionär 299, 300

Millionen-Unternehmer 6, 23, 42

Mimik 24, 323

Mindset 55, 225, 347

Misserfolg 8, 42, 49, 175, 230, 245, 246, 260, 324, 347

Möglichkeit 26, 46, 116, 173, 188,

189, 199, 225, 285, 290, 293, 316, 325, 328, 346
Morgenritual 8, 221, 225, 226, 227, 229, 231, 233, 234, 235, 237, 240
Motivation 14, 34, 260, 310, 329, 347
Mut 83, 105, 294, 310

N
Nachrichtenkonsum 347
Naturgesetz 19, 215
Negativdenker 163
Negative Menschen 348
Nietzsche 179
NLP 162

O
Opfer der Umstände 250, 288, 299
Organismus 228, 317

P
Persönlichkeitsentwicklung 11, 33, 34, 68, 241, 298, 329, 348
Pflichtgefühl 151, 154, 158
Physiologie 8, 127, 128, 131, 136, 323, 325, 348, 349

Porsche 35, 36, 37, 38, 97, 98, 195, 232, 301
Positives Momentum 234
Potenzial 11, 275
Power-Worte 174
Prioritäten 155, 156, 349
Problemfokus 142, 143
Produktivität 318
Programmierung 95
Pseudofreundschaft 157
Psychologie 348, 349

Q
Qualität 225, 283, 309

R
Reframing 8, 255, 259, 273, 274, 347, 350
Regeneration 275, 280, 285
Reichtum 182, 183, 184, 298, 309, 331
Reiz 269
Rekordgeschwindigkeit 247
Respekt 68, 195, 271, 296
Ressourcen 60
Resultat 139, 246, 252, 253, 260

Rhythmus 187, 239
Risiko 216
Ritual 233
Rubinstein 193

S

Sammer 258
Schlafmangel 237
Schmerz 60, 131, 247, 270, 271
Schuld 60, 268, 289
Schwarz 189, 279, 280
Schweinehund 222, 223
Schwierigkeit 53
Schwung 230
Selbstbetrug 157
Selbstbewusstsein 350
Selbstsicherheit 31, 324
Selbstvertrauen 8, 32, 154, 221, 225, 226, 228, 259, 287, 295, 331, 350
Selbstwert 351
Selbstzweifel 110, 134, 311
Sicherheit 161, 188, 213, 309, 345
Sinnkrise 248
Snooze-Taste 221, 222
Software-Firma 181

Sozialstaat 289
Spannung 276, 310
Start 144, 212
Subjektive Wahrnehmung 73
Success Mind Mastery 307, 314, 333, 363

T

Talent 6, 47, 50, 51, 52, 56, 246
Team 245, 276, 291, 307
Tempo 186, 225
The Secret 114, 115
Tool 201
Trainingsprogramm 307
Transformatorische Vokabular 7, 169
Traum 11, 13, 35, 52, 56, 57, 69, 83, 96, 99, 106, 120, 185, 189, 215, 232

U

Umwandlungsphase 259
Unsicherheit 24, 54, 134, 264
Unterbewusstsein 71, 78, 90, 109, 118, 119, 120, 121, 143, 229, 231, 308, 313, 320
Ursache 163, 266

V

Verantwortung 65, 87, 153, 263, 288, 289, 290

Vergangenheit 158, 290, 291, 311

Vision 189

Visionär 52

Visualisierung 118, 351

Vorsätze 57

Vorstellungen 93, 289, 309

Vorstellungsgespräch 32, 170, 259

Vorstellungskraft 113, 119, 120, 121, 232

W

Wachstum 46, 343

Wahrheit 98, 104, 115, 156, 163, 231, 246, 255, 311

Weissflog 113

Weltbild 49, 269

Wesensveränderung 271

Wirklichkeit 42, 49, 53, 60, 76, 77, 78, 115, 116, 126, 152, 199, 222, 243, 253, 288, 310, 319

Woods 323, 324

Work-Life-Balance 184, 186

Wortwahl 170, 175

Wundermaschine 277

Wunschtraum 215

Z

Ziele erreichen 166

Ziel gerichtet 85

Zielsetzungsprozess 89, 111

Zufall 19, 43, 85, 213, 258

Zukunft 64, 92, 93, 118, 171, 172, 175, 212, 216, 231, 240, 244, 260, 264, 271, 272, 274, 290, 312, 313

Zustandsveränderung 318

Ruf mich an

Willst Du „das volle Programm" und herausfinden, wie viel Du erreichen kannst? Willst Du bis an die Grenzen des Machbaren gehen und wissen, wie weit Du in Deinem Leben kommen kannst?

Dann ist es jetzt an der Zeit, die Success Mind Mastery kennenzulernen!

Dieser 3-tägige Intensiv-Workshop enthält im Anschluss eine 28-tägige Video-Nachbetreuung inklusive mehrerer geführter Meditationen + täglicher Videos!

Er zielt darauf ab, einen optimalen Veränderungsprozess einzuleiten! Dieser Workshop ist in seiner Art und Weise weltweit einzigartig, und die Teilnehmer berichten von unglaublichen Veränderungen, die sich in ihrem Leben abspielten.

Nicht jeder darf teilnehmen!

Die Success Mind Mastery ist ein Intensiv-Workshop, der alles aus Dir heraus- holen wird. Du wirst am eigenen Leib spüren, was Dich bisher davon abhielt, das Leben zu führen, das für Dich bestimmt ist, und Du wirst alle Fesseln lösen, die Dich bisher daran hinderten, Dein Leben zu einem wunderbaren Ort zu machen!

Damit dies gewährleistet werden kann, müssen sich alle Teilnehmer zunächst bewerben und erhalten keine Garantie darauf, beim Workshop dabei sein zu können, denn dort sind nur extrem engagierte Teilnehmer willkommen und nicht nur diejenigen, die sich das Ticket leisten können.

Willst Du WIRKLICH zu den Sternen greifen und den Weg zu Deinen großen Träumen beschreiten?

DANN bewirb Dich jetzt für die Teilnahme an der Success Mind Mastery!

Hier mehr erfahren: www.success-mind-mastery.de